KB057864

호모 파베르의
출산 이야기

호모 파베르의
출산 이야기

임신과 출산을 둘러싼 도구의 문화사

김양진 김현수 박윤재 이경효 이태준 최지희 지음

돌봄 모시는사람들

서문

  경희대학교 HK+통합의료인문학연구단은 의료를 주제로 인문학적 관찰과 성찰을 시도하고 의료인의 인문학적 소양을 높이는 것은 물론 의료에 대한 우리들의 이해를 높이기 위해 여러 가지 시도를 해왔다. 특히 인간이면 누구나 경험하게 되는 '출생, 노화, 질병, 죽음(생로병사)'를 테마로 삼고 학제 간 연구를 수행하고 있다. 이 책은 그 중에서도 임신과 출산을 중심으로 벌어지는 여러 가지 의료적 상황과 인문학적 해석을 시도하는 교양총서이다.

  이번 총서에서는 임신, 출산과 관련된 문화와 역사에 영향을 주고 받은 다양한 도구와 물질에 주목하였다. 임신과 출산은 고대부터 현대까지 지속된 인류의 보편적이고 반복적인 행위이면서도 집단의 가치관과 문화, 의학의 발전과 과학기술 등의 요소가 개입되어 각 문화권의 다양한 풍습과 전통이 만들어지고 시대에 따른 변화가 나타났다. 그리고 프랑스의 철학자 앙리 베르그송(Henri-Louis Bergson)이 인간을 '도구를 만들어 사용하는 존재'라는 뜻의 '호모 파베르(Homo Faber)'로 정의하였던 것처럼, 인류는 임신과 출산, 육아와 관련된 다양한 물질과 도구를 창조하고 사용해왔다. 안전한 임신과 출산, 갓 태어난 아이의 건강을 기원하는 의례행위와 의례에 사용되는 기물, 태아와 산모를 위한 각종 의약품, 출산 시 사용되는 의료도구, 임신과 출산과 관련된 지식을 전달했던 출판물 등 각종 인공물은 곧 인류역사의 일부이며 임신과 출산이 각 문화권과 사회에서 얼마나 중요한 위치를 차지하였는지를 보여주는 증거이다. 또한 우리는 임신 및 출산과 관련된 물질과 도구에서 인류의 진보를 발견하기도 하지만 사회 구성원의 다양한 욕망, 도덕 가치관과 시대의 변화가 반영되는 것을 볼 수 있다. 이 책에 실린 여섯 편의 글은 임신과 출산에 영향을 주고 받은 유형·무형의 물질과 도구를 인문학자의 시선으로 관찰하고 해석한 것이다.

김현수의 글 「순산을 돕는 의료기기와 출산권」은 출산을 순조롭게 하기 위한 현대 의료기기의 발달과 여성의 출산권(Birthrights)을 이야기한다. 분만과 관련된 의료기술과 도구는 산모의 통증을 줄이고 좀 더 안전한 출산을 위해서 부단히 발전하였다. 김현수의 글에서 예로 들었던 라마즈 분만법과 마취제를 통한 무통분만법, 산과겸자, 진공흡입만출기 등의 발명은 모두 여성의 산고를 줄이고 모두가 바라는 '순산'에 이르기 위한 노력의 산물이었다. 그리고 지금 현재에도 순산을 위한 다양한 의료기구가 고안되고 개발되고 있을 것이다. 그러나 이러한 출산과 관련된 도구, 물질의 발달만으로 여성의 출산이 좀 더 완전하게 되고 출산이 행복한 경험으로 바뀌었다고 할 수는 없다. 제3자의 시선으로 보았을 때 산모와 아이가 건강한 것이 '순산'이며 출산의 최대 목표이지만, 출산의 당사자 산모가 원하는 완전한, 행복한 출산이란 건강하게 아이를 낳는 것 외에도 '출산 트라우마'를 줄이고 임신·출산의 전 과정에서 선택권을 늘리는 것이기 때문이다. 즉 과학과 의료 도구, 기술의 진보 등 물질문명의 발전은 안전한 출산에 많은 영향을 주었지만 동시에 출산을 대하는 인문학적인 고민과 성찰이 함께해야 한다는 것을 보여준다.

박윤재의 글 「조산사는 어떤 기구와 약제를 사용했나? 나아가, 사용하고자 하였나?」는 1950~1980년대에 활동하였던 조산사의 구술 기록을 바탕으로 의료도구와 약제의 사용권을 확보하지 못했던 한국의 조산사, 조산업이 자연스레 소멸하게 되는 모습을 생생하게 보여주었다. 조산사라는 새로운 직업은 일제강점기 이후 한국 사회에 나타났으며 해방 후 80년대까지 활발하게 활동하였다. 조산사는 원칙적으로 정상 분만을 담당하게 되어 있으며, 의료기구와 의약품 사용이 금지되어 있었고, 이상 분만을 담당하고 의료기구와 약제를 사용하는 권한은 산부인과 의사에게 있었다. 그러나 조산사는 이러한 제약에도 불구하고 난산을 겪는 산모, 경제적으로 어려운 산모의 출산을 도우며 의료 시장에서 의사 대신 선택받기도 했고, 실제 출산 현장에서는 여러 가지 이유로 인해 난산을 처리하고 의료 도구와 간단한 약제를 사용하기도 하였다. 그러나 결국 조산사들은 더욱 발전된 의료 기구, 약제를 사용할 수 없었던 현실, 국민의료보험이 확대되고 산모의 산전 진찰이 중요해지는 추세 때문에 점차 소멸되는 직업이 되었다. 즉 우리는 한국 조산사들의 역사를 통해 의료기술의 발달 및 의료

권력이 출산문화에 영향을 주었던 측면을 볼 수 있다. 그렇다면 우리 곁을 떠난 조산사의 역할은 이제 필요하지 않게 되었을까? 조산사들의 바람처럼 조산사가 출산 현장에서 활발히 활동하는 시대는 돌아오기 힘들어 보이지만, 임신 및 출산의 과정과 현장에 여전히 산모를 위한 '따뜻한 손길'과 배려, 돌봄이 필요하다는 사실은 변함이 없다.

최지희의 글「중국의 여성 보혈약(補血藥)의 발달과 청말-민국초기의 광고」는 '보혈약'이라는 의약품에 투영된 여성의 임신과 출산의 문화, 사회의 욕망과 가치관을 살펴보았다. 전통 중의학의 "여성은 혈(血)이 주(主)가 된다"는 관념, 즉 여성은 남성과 달리 혈(血)이 가장 중요하며 건강을 결정한다는 생각은 임신과 출산의 영역에서 오랫동안 영향을 미쳤다. 이 때문에 임신, 출산과 관련된 대부분의 약은 '보혈'의 효과가 있는 보혈약이었고, 이 약이 전통 중국 사회의 전종접대(轉宗接代), 남아 출산의 욕망을 품고 있었다. 그런데 근대 이후 서양의 의학과 의약이 소개되면서 이러한 의약품 '보혈약'에 새로운 가치와 욕망이 투영되는 것을 볼 수 있다. 여성의 임신과 출산은 '동아병부(東亞病夫)'의 신체를 극복하고 건강한 중국인을 생산한다는 새로운 의미를 갖게 되었다. 또한 '보혈약'은 임신에 도움이 될 뿐만 아니라 여성의 성적 매력과 활력을 증진시키는 약으로 광고되기도 한다. 즉 의약품이라는 물질이 여성의 임신과 출산에 대한 사회의 욕망과 가치관, 변화를 말해주는 매개가 된다는 것을 알 수 있다.

김양진의 글「14세기 원-고려 시기의 출산 및 육아문화-『박통사』속 이야기를 중심으로」는 원(元)과 고려시대 사람들의 교류와 출산·육아문화를

『박통사』라는 고려시대 중국어 교재를 통해서 보여준다. 출산과 육아라는 무형의 문화는 출산 의례나 풍속, 관습 혹은 유물을 통해 전달되는데, 원-고려시대의 출산 문화는 오랜 시간이 지났기 때문에 역사 속에서 잊혀지고 확인하기 힘들다. 그러나 『박통사』 속에는 두 지역의 출산과 육아의 이야기와 풍습이 생생하게 살아 있으며 당시 동북아시아 사회가 공유하고 있던 공통의 문화를 보여준다. 또한 우리는 오래전의 출산과 육아의 장면에서 지금도 이어지는 전통의 흔적을 발견할 수 있을 것이다.

이태준과 이경효의 글은 임신과 출산에서 사용되었던 도구와 물질을 풍부한 자료를 통해 보여준다. 먼저 이태준은 「출산, 의학이 되다」를 통해 동서양의 각종 의료 도구들, 출산 의례 용품은 물론 고대의 출산 도구와 최첨단의 의료도구를 비교하며 출산의 역사 속에 수많은 물질문화가 포함되어 있음을 보여준다. 특히 다양한 그림과 사진자료를 통해 독자의 눈을 사로잡는다. 이경효의 글 「유물로 들여다보는 출생과 성장-국립민속박물관 상설전시관3《한국인의 일생》'출생' 전시품을 중심으로」는 조선시대부터 현대까지 한국인의 출생과 성장에 관련된 다양한 유물과 그 속의 물질 문화를 보여준다. 그 속에는 안전한 출산을 바라는 소망과 아들을 원하는 욕망, 여성에게 강요되었던 성리학적 덕목이 투영되기도 하며, 사회가 변하며 반영되었던 새로운 욕망과 가치관이 드러나기도 한다. 동시에 과거와 현재의 비교를 통해 물질의 형태만 바뀌었을 뿐 건강한 출산에 대한 기원이 고대부터 현대까지 변하지 않고 이어진다는 것을 확인할 수 있다.

이상의 글은 철학, 문학, 역사학, 민속학 등을 아우르며 출산과 관련된 다양한 물질 문화의 면면을 반영하고 있으며, 현재 우리에게 출산이 어떤 의미인지 성찰하게 한다. 출산과 관련된 전통사회의 물질 문화의 가치는 사라지는 것인가? 의료기술과 도구, 의약품 등 기술과 도구의 발전은 우리에게 좀 더 행복하고 완전한 임신과 출산을 가져다줄 것인가? 교양총서 『호모 파베르의 출산 이야기』를 통해 독자들이 다양한 질문과 담론을 만들어 가기를 바란다.

　교양총서가 출간될 수 있도록 지원해준 경희대학교 인문학연구원 HK+ 통합의료인문학연구단과 도서출판 '모시는사람들'의 노고에 감사드리고, 여러 집필자들에게도 감사의 마음을 전한다.

필자들을 대신하여 HK연구교수 최지희 씀

호모 파베르의 출산 이야기

서문 —— 4

14세기 원-고려 시기의 출산 및 육아 문화
김양진

13

원-고려 시기(14세기)의 문화 교류의 보고『박통사』 ————15
『박통사』의 출산 문화 ————————————20
출산 직후, 산모의 식생 ——————————23
한 달 잔치와 백일 잔치 ——————————24
수유(授乳) 문화 —————————————27
『박통사』의 육아 문화 ——————————29
『박통사』속, 유물로서의 언어 자료 ————37

순산을 돕는 의료기기와 출산권
김현수

39

경부와 산통 ————————————————41
난산과 무통분만 ——————————————45
순산을 돕는 의료기기 ———————————50
출산 트라우마와 출산권 ——————————55

조산사는 어떤 기구와 약제를 사용했나? 나아가, 사용하고자 하였나?
박윤재

63

조산사는 왜 소멸되고 있는가? ———————65
자연분만을 선호하는 조산사 ————————67
하지만, 난산은 문제 ————————————69
무엇을 가지고 다녔나? ——————————71
논란의 대상인 겸자 ————————————73
문제의 초음파 ———————————————76
분만촉진제와 자궁수축제 —————————81
무서운 산후 출혈 —————————————84
어두운 조산사의 미래 ———————————86

출산, 의학이 되다
이태준

89

산모와 아기가 무사한 출산이 우선이다 ———————91
전통시대의 출산 ———————————————92
병원에서 아이를 낳다 ——————————————99
과학의 눈으로 산모의 몸을 살피다 —————————110

여성의 임신과 출산은 혈(血)이 좌우한다
최지희

121

'보혈약'은 어떻게 여성에게 중요한 약이 되었나? ———123
이혈위주(以血爲主)의 여성 질병관과 보혈약의 발달 ——124
근대 의약시장의 보혈약 판매와 광고 ————————132
임신과 출산의 성약(聖藥)- '월월홍'과 '여계보', '월광철환' —137
외국 보혈약의 수입과 여성들의 목소리 ———————143
보혈약에 투영된 사회의 가치관과 욕망의 변화 ————148

유물로 들여다보는 출생과 성장
이경효

149

한국인의 일생 ————————————————151
자식바라기[기자(祈子)] ——————————————152
태몽(胎夢)과 태교(胎敎) —————————————155
출산과 산후 —————————————————160
젖먹이기[授乳]와 육아 —————————————167
백일(百日) —————————————————171
돌[周岁:주세]과 돌잡이[抓周:조주] ————————173
돌복 ———————————————————178
변하고, 변하지 않는 가치 ————————————182

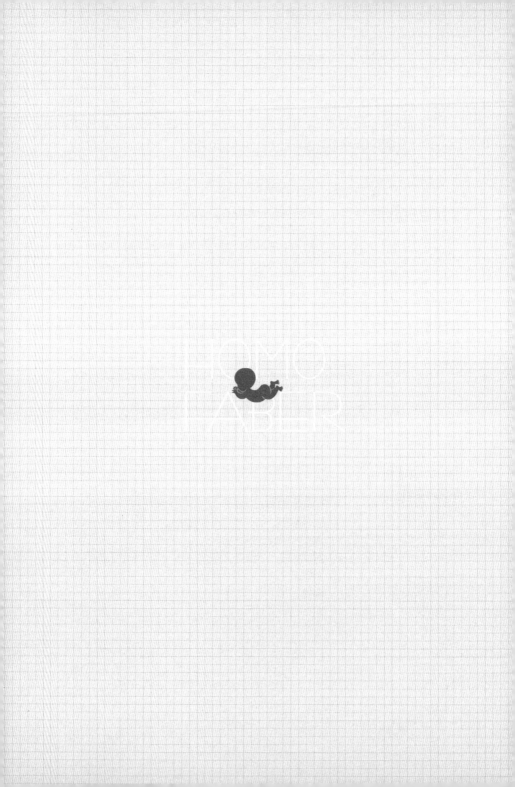

14세기 원-고려 시기의 출산 및 육아 문화

-『朴通事』속 이야기를 중심으로

김양진(경희대 국어국문학과 교수)

김양진__ 경희대 국어국문학과 교수,『인문학연구』편집위원장. 고려대학교 국어국문학과에서 문
학박사. 고려대 민족문화연구원 선임연구원/연구교수로『고려대 한국어대사전』편찬
과 한국어 어휘 연구 진행. 고려대 민족문화연구원 만주학센터 책임연구원. 뉴욕주립대
방문학자를 거쳤다.『화병의 인문학-전통편』(2020),『박통사, 대도를 거닐다』(2011) 등 10
여 권의 저서와 "한국어 통증표현 어휘 연구"(한국사전학 40, 2022), "〈조선왕조실록〉 속 의
료 관련 어휘군 연구(우리말연구 66, 2021)" 등 110여 편의 논문이 있다.

원-고려 시기(14세기)의 문화 교류의 보고 『박통사』

『박통사(朴通事)』는 고려와 원의 교류가 활발하던 원-고려 시대의 한복판이라 할 수 있는 14세기 중엽, '원나라 드림'을 꿈꾸던 고려인들이 원의 대도에서 생활하기 위한 고급 생활 지침용 교재로, 같은 시기에 제작된 『노걸대(老乞大)』와 더불어 고려, 조선 시대에 걸쳐 사용된 대표적인 한어(漢語) 교재이다. 본고에서는 고려 원종의 아들 왕거가 충렬왕이 되어 고려가 원의 부마국이 된 1274년부터 원이 명에 쫓겨 북원으로 밀려난 1368년까지의 90여년간을 원-고려 시기라고 보고, 이 시기는 원의 황실과 정계에 고려 출신의 인물들이 지속적으로 유입된 것을 계기로 원과 고려의 문화가 혼용되는 시기로 본다. 오늘날 우리의 혼례 문화 등 전통문화의 상당 부분이 이 무렵에 원과의 관계 속에서 형성된 것이며, 출산·육아 문화에서도 이 시기를 통해 그 이전과는 다른 동북아시아적 전통이 한반도의 문화 속에 누적된 것으로 보인다.

일반적으로 『노걸대』는 초급 교재로, 『박통사』는 고급 교재로 평가되는데 그 이유는 내용 면에서 『박통사』가 『노걸대』보다 언어 문화적으로 훨씬 다양한 상황과 주제를 담고 있기 때문이다. 김양진·장향실(2012)에서는 이 두 책이 초급과 고급이라는 한어(漢語) 능력 수준상의 차이뿐만 아니라, 상인 계층과 상류 계층 간의 신분적인 차이를 고려하여 작성된 것으로 본 바 있다.

『노걸대』가 고려의 상인들이 중국에 상행(商行)하러 가면서 직면하는 일회적 상황에 대한 기초 회화들로만 이루어진 데 반해, 『박통사』는 북경(당시는 대도)을 중심으로 하는 사회, 경제, 문화, 행정, 의료 등 도시의 장기 생활에 필요한 모든 분야의 주제와 상황을 담고 있다. 때문에 전자가 상인의 상거래를 위해 필요한 기본적 회화서로서 초급 혹은 중급 교재의 성격을 띤다면, 후자는 지식인이나 신분상 상류층을 이루는 사람들이 북경에서 장기 거주할 목적으로 작성된 생활 밀착형 회화서로서 고급 교재의 성격을 띤다고 할 수 있다.

특히 『박통사』의 내용을 꼼꼼하게 분석해 보면, 이 책의 대상이 단순히 원나라에서 관리가 되기를 꿈꾸는, 이른바 원나라 드림을 실현하고자 하는 고려 지배층 자제들을 위한 회화서에 한정되지 않는다는 것이다. 『박통사』의 이야기 속에는 많은 고려인 출신 원대 고위직 관리가 등장하지만, 이들은 엄밀히 말하면 과거를 통해서 원의 관직에 오른 고려인 출신 관리의 모델이라고 하기 어렵다. 고려인 출신으로 원에서 고위 관직에 진출한 경우는 언어 능력을 갖추어 원나라 행정 당국에 진출한 이보다는 환관이나 숙위, 혹은 당시 기황후의 측근으로 발탁된 인물이나 이미 오래전부터 원에 귀화하여 '고려계 한인(漢人)'으로 살아가던 사람들이었다. 이 당시의

'한인(漢人)'이란 몽골족과 색목인을 제외한 북방의 여러 민족 구성원을 통틀어 이르던 말이다. 이른바 '한족(漢族)'은 '남인(南人)'으로 불렸다.

실제로 『박통사』에는 원대 대도의 황궁을 중심으로 생활하는 환관이나 숙위, 혹은 기황후의 측근이라고 보아야 설명될 수 있는 상황들에 대한 이야기가 여러 차례 등장한다. 흥미로운 것은 이 책 속의 등장인물이 원나라에서 과거에 합격하여 원대 관직에 진출할 꿈을 꾸는 유학자가 아니라 오히려 유학자의 관심 영역 바깥에 있던 불교 소재의 이야기(17화, 39화, 51화, 80화, 83화 등)라든지 여성 화자를 대상으로 하는 일상생활 속 이야기(23화, 29화, 48화, 49화, 54화, 68화, 69화, 73화 등)가 상당수 등장한다는 것이다. 『박통사』속 이야기 중에는 여성 화자가 단순한 조연에 그치지 않고 이야기에 따라 회화의 중심에 서 있는 경우가 많은데, 그 가운데에는 원-고려 시대 당시의 출산 문화와 육아 문화를 명징하게 보여주는 대화도 있어서 주목된다.

따라서 본고에서는 『박통사』속 이야기 가운데 원-고려 당시의 출산 문화와 육아 문화를 담고 있는 제29화와 제68화의 이야기를 중심으로 중세 동아시아에서 실재했던 출산-육아 문화의 단면을 살펴보고자 한다.

『박통사』는 상·중·하 3권으로 이루어진 한어 회화서이다. 이 책에는 상권에 39화, 중권에 38화, 하권에 29화, 총 106화의 이야기가 실려 있는데, 여기에는 원나라 대도를 중심으로 하는 일상의 생활, 문화, 의식주, 사회, 행정, 경제, 무예, 의료, 인사(人事) 및 축사(畜事)와 기타 생활 등 정치적인 이슈를 제외한 문화 교육상의 주제들이 총 망라되어 있다. 또 전체적으로 각 주제에 해당하는 세부 항목이 두 번 이상 겹치는 경우가 거의 없고 특히 관혼상제의 전통문화를 주로 하는 인사(人事)의 경우, '혼례-출산-육아-상례/장례' 순으로 생애 시간 순서에 따라 배열하고 있다는 점에서 이 책의 구성과 편집이 사전에 치밀하게 계획된 것임을 알 수 있다.

김양진(2017)에서는 이 『박통사』 상권, 중권, 하권의 문화적 핵심어를 다음과 같이 분야별로 정리해 보인 바 있다.

〈표 1〉 『박통사』의 주제어 및 분야(김양진 2017)

상권			중권			하권		
화수	주제어	분야	화수	주제어	분야	화수	주제어	분야
1화	연회/음식	의식주-식	40화	구란 공연	예술문화	78화	의복 관리	의식주-의
2화	업무/인사	제도-행정	41화	궤 주문	의식주-의	79화	일상	일상
3화	담장 수리	의식주-주	42화	염색 주문	의식주-의	80화	불사	사상-불교
4화	봉미 수령	제도-경제	43화	사신 맞이	제도-외교	81화	캉	의식주-주
5화	병치료-부스럼	제도-의료	44화	노비매매문서	제도-행정	82화	병치료-옴	제도-의료
6화	비단 품평	의식주-의	45화	교천 준비	민속-제천	83화	불교-경수사 우란분재	사상-불교
7화	칼 주문	일상	46화	여정	일상-여행	84화	편지-대필	일상-교우
8화	유희-어린이	민속-놀이	47화	병 치료-배탈	제도-의료	85화	서재	의식주-주
9화	띠 주문	의식주-의	48화	선물	일상	86화	관리 업무	제도-행정
10화	전당포	일상	49화	구애	일상-연애	87화	관재	가치관
11화	말 사육	일상-동물	50화	하인 단속	일상	88화	도서-서유기 평화	문학
12화	유희-바둑	민속-놀이	51화	불교	사상-불교	89화	보석 흥정	제도-경제
13화	유희-완월회	민속-놀이	52화	집안 단속	일상	90화	찻집	일상-서비스
14화	사냥 의복	의식주-의	53화	모자 주문	의식주-의	91화	자라병 주문	일상
15화	양가죽 흥정	제도-경제	54화	고발-범죄	제도-행정	92화	씨름	민속-체육
16화	경제-거간	제도-경제	55화	상서 맞이	제도-외교	93화	음식 주문	의식주-식
17화	불교-파계승	사상-종교	56화	세태	관념	94화	유희-장치기	민속-놀이

18화	병 치료- 이질	제도-의료	57화	관광	일상-여행	95화	횡령	일상
19화	수수께끼	일상-언어	58화	작물 재배	제도-경제	96화	관리 제수	제도-행정
20화	말 치료	일상-동물	59화	고발-치안	제도-행정	97화	그림 주문	예술문화
21화	이발	일상-서비스	60화	비단 흥정	제도-경제	98화	상례/장례	일상-장례
22화	혼례	제도-혼례	61화	집 계약서	제도-경제	99화	밥 짓기	의식주-식
23화	바느질 부탁	의식주-의	62화	지붕 수리	의식주-주	100화	입춘 행사	민속
24화	교육-서당	제도-교육	63화	파자법	문학-학문	101화	북경의 성문	역사문화
25화	서신 전달	일상-서간	64화	세태	가치관	102화	여유로운 삶	일상
26화	대중목욕탕	일상-서비스	65화	손님맞이	일상-교우	103화	절도 고소장	제도
27화	대도	기타	66화	업무 교체	제도-행정	104화	폭행 고소장	제도
28화	활쏘기	민속	67화	친구 골탕 먹이기	일상-교우	105화	방	제도
29화	출산	일상-출산	68화	육아	일상-육아	106화	고려 건국	역사
30화	방문	일상-방문	69화	주사위놀이	민속-놀이			
31화	활 주문	민속	70화	무예-씨름	민속-무술			
32화	차용증서	제도-경제	71화	도시환경	의식주-주			
33화	말 구매	제도-경제	72화	달리기	민속-체육			
34화	하마평	일상	73화	정초 의복	의식주-의			
35화	생일잔치	일상	74화	무더위	일상			
36화	서호 관광	일상-여행	75화	고양이 구매	일상-애완			
37화	우정	일상-교우	76화	모기장 구매	일상			
38화	비단 흥정	제도-경제	77화	세태	가치관			
39화	불교-보허 법석	사상-종교						

이 가운데 제29화와 제68화가 본고에서 관심을 기울이고자 하는 출산과 육아 문화를 담고 있다.

『박통사』의 출산 문화

제29화의 이야기는 원-고려 시대 당시 출산 문화를 생생하게 들려주는 회화문이라는 점에서 자료상의 희소성이 있다. 14세기 원-고려 시대의 유물은 명-조선 시기를 거치면서 많은 유물들이 파손되었고 일부 문헌 자료가 남겨져 있기는 하지만 그 진위가 불분명한 것이 많은 상황에서, 당시 일상의 대화에서 출산과 관련된 실제 단어들이 어떻게 사용되었는지를 보여주는 사례는 매우 희귀하기 때문이다.

〈표2〉『박통사』 제29화의 원문-언해문-현대어역

중국어 원문(14세기 중엽+15세기 말)/16세기 발음	16세기 조선어 언해문	현대어 번역문
你姐姐 曾幾時喫粥來? 니져져 충기ㅅ치주레	네 누의·니·미 일·즉 :언·제 우·터·쥭 먹느·뇨	제수씨는 언제부터 죽을 드시나?
恰三日也. 캬산시여	ㅈ 사·ㅎ·리·어·다	이제 사흘 됐어.
小厮兒那女孩兒? 샾ㅅ ㅅ나뉴해ㅅ	ㅅ나·히·가 간나·히·가	아들이야, 딸이야?
一箇俊小厮. 이거쥰샾ㅅ	훈:고·은 ㅅ나·히·라	잘 생긴 사내아이야.
好好.只怕産後風感冒 說與你姐姐 好生小心着 한한 ㅈ파챤후붕간만 쉼유니져져 한송 샨신죠 休喫酸甜醒葷等物 只着些好醬瓜兒就飯喫 휘치쉰텬싱훈둥우 ㅈ죠셔한쟝과ㅅ쥐 뽠치 滿月過了時 喫的不妨事. 먼워궈랴ㅅ 치디부방ㅅ	:됴·토·다 :됴·토·다 오·직 나ㅎ·후·에 브롬·들·가 젼·노·라·네 누의·님ㄷ·려 닐·어 ㄱ·장·조·심ㅎ·야 싄 것 돈 것 비·린 것 누·린 것·돌 먹·디·말·오 :다·믄 :됴·흔 쟝·앳·디·히·밥·ㅎ·야 먹 다·가·돌·춘·날·디·나거·든 머·거·도 므던ㅎ·니·라	잘됐다, 잘됐어. 다만 산후풍이 들까 걱정이구나. 제수씨한테 말씀드려서 아주 조심해서, 신 것, 단 것, 비린 것, 누린 것 들은 드시지 말고 좋은 장아찌 조금하고만 밥 드시라고 해라. 한 달이 지난 뒤에는 먹어도 괜찮을 거야.

	원문	언해	번역
승	滿月日老娘來 着孩兒盆子水裏放着 親戚們那水裏 먼워시란냥례 죠해슨픈즈쉬리방죠 친치믄나쉬리 金銀珠子之類 各自丟入去 纔只洗了孩兒 剃了頭 긴인쥬즈즈뤼 거즈딖슈큐 채즈시란해 슨 티란투 把孩兒上搖車 買將車子來 底下鋪蒲席 又鋪氈子 바해슨 샹앗쳐 매쟝쳐즈례 디하푸푸시 잇푸젼즈 上頭鋪兩三箇褯子 着孩兒卧着 上頭盖着 他衣裳 샹투푸량산거져즈 죠해슨오죠 샹투개 죠타이샹 着繃子絟了 把溺胡蘆正着那窟籠裏放了 죠븡즈솬란 바낟후루징죠나쿠룽리 把尿盆放在底下 見孩兒啼哭時 把搖車搖一搖便住了 방럄바낟픈방재디하견해슨티쿠스바얀 쳐얀이얀변쥬랴 做滿月 老娘上賞銀子段匹 百歲日又做筵席 주먼워 란냥샹샹인즈뒨피 버쉬시잇주 연시 親戚們都來慶 把孩兒又剃了頭 頂上灸 那一日老娘上又賞 친치믄두례킹 바해슨잇티란투딩 샹긴 나이시란냥샹잇샹	·돌 ·촌 나·래 ·아·기 나·히· 던 ·어미 ·와/56a ·아·기·룰 · 소·랏 ·믈·레 노·하·든 아·솜· 돌·히 그 ·믈·레 금과 은과 진 쥬·류·엣 거슬 ·각·각 ·드·리· 티·ᄂᆞ·니·라 굿 ·아·기 싯·기· 기 뭇·고 머·리 갓·고 ·아·기· 롤다·가 돌·고지·예 엿ᄂᆞ·니· 라 술·위 ·사다·가 미·티 지·즘· ·실·오 ·쏘 ·젼툐 ·실·오/56b 우·희 ·두·서 깃 ·실·오 ·아기· 를 누·이·고 우·희 제 ·옷 둡· 고 보로·기·로 동·이·고 오· 좀 바·들 ·박·을 그 굼·긔 바·ᄅ 노·코 분·지·를다·가 미·티 노· 코 ·아·기 ·울어·든 보·고 돌· ·고지를 이·아 ᄒᆞ면 믄·득 그·치· ᄂᆞ니·라 ·돌 ·촌 ·잔·치 홀 저· 긔/57a ·아·기 나·히·던 ·어·믜· 게 은·과 ·비·단·돌 ·샹·급ᄒᆞ· 고 ·첫·돌·시어·든 ·쏘 이바·디 홀 제 아·솜·돌·히 ·다 와 ·경· 하ᄒᆞ·며 ·아·기·를다·가 ·쏘 머·리 갓·고 니·마 우·희 ·쓰ᄂᆞ ·니 그 나·래 ·아기 나·히·던 ·어·믜·손·ᄃᆡ ·쏘 ·샹·급ᄒᆞ·ᄂ 니·라	만 한 달이 되는 날에 산파(産婆)가 와서 아기를 대야 물에 담그면 친척들이 그 물에 금, 은, 진주 같은 것들을 각각 던져준다. 그러고 나면 아기를 씻기고 머리를 깎은 뒤 아이를 요람에 올려놓는다. 요람틀을 사다가 바닥에 돗자리를 깔고 또 담요를 깔고, 그 위에 기저귀(褯)를 두세 장 깔고 나서 아이를 누이고 위에 제 옷을 덮어주고 포대기로 동여맨다. 오줌 받는 호리병박을 그 구멍에 맞추어 놓고 요강을 밑에 놓고, 아기가 울거든 요람을 흔들면 금방 그친다. 한 달된 잔치를 할 때에 산파(産婆)에게 은과 비단으로 상급(賞給)을 주고 백일에 또 잔치를 열면 친척들이 다 와서 축하를 한다. 아기를 데려다가 또 머리를 깎고 정수리에 뜸을 뜨고 그 날 산파(産婆)에게 또 상을 준다.
전	如今自妳那尋妳子 슈긴즈내나신내즈	·이·제 제 ·졋 머·기ᄂᆞ·녀 ·졋 :어·더 잇ᄂᆞ·녀	지금 모유를 먹이니, 아니면 젖어미를 구했니?
	尋一箇好婦人妳? 一箇月二兩妳子錢 按四時與他衣服 養孩兒好難. 신이거환부인신내 이거워슨량내즈쳔 안 ᄉᆞᄉᆞ유타이부 양해슨호난	흔 :됴·흔 ·겨·집 :어·더 ·졋 머·기ᄂᆞ·니·라/57b 흔 ·ᄃᆞ·래 ·두 량·곰 ·졋 ·갑 주·고 ·ᄉᆞ·시·초·려 ·뎌·를 의·복·호·야 주·ᄂᆞ·니·라 ·ᄌ·셕 길·우·미 ᄀ·장 어·렵도·다	좋은 젖어미를 구했는데, 젖값을 한 달에 두 냥씩 주고 철마다 옷을 해 줘. 자식 키우기가 정말 어렵더라.

결	可知難裏 懷躭十月 乳哺三年 推乾就濕 千辛萬苦 養大成人 커지난리 홰단시워 슈부산년 튀간쥐시 천신완쿠 양다칭신	그·러 아·니·려 ᄀᆞ·쟝 어·려·우·니·라 비·여 ·열 ·돌 ·졋 머·기노·라 삼년 ᄊᆞ·싀·예 ·아기·란 ᄆᆞ른 ·디 미·러 누·이·고 어·미·는 저·즌· ᄃᆡ 나·ᅀᅡ 누·워 ·온가·짓 :슈·고 ·ᄒᆞ야·ᅀᅡ 길·어 ·ᄌᆞ·라 :사·ᄅᆞᆷ 도의ᄂᆞ·니·라	그래, 참 어려워. 배어서 열 달, 젖 먹이는 데 삼 년, 아이는 마른 데 가려 누이고 어미는 젖은 데 누워 천신만고 끝에 길러서 사람이 되게 하는 법이지.
	因此上 古人道 '養子方知父母恩. 인ᄎᆞ샹 구신닫 양ᄌᆞ방지부무은	·이·런 젼·ᄎᆞ·로 :녯:사ᄅᆞ·미 닐·오·ᄃᆡ·ᄌᆞ·셕 나·하·ᅀᅡ ·부모·의 ·은·혜·를 :안·다 ·ᄒᆞ·ᄂᆞ니·라	그러니 옛사람이 말하기를 '자식을 길러 봐야 비로소 부모의 은혜를 안다'고 하는 거다.

〈표2〉는『박통사』제29화를 중국어 원문-조선시대 언해문-현대 한국어 번역문으로 재구성한 것이다. 이 자료 속 중국어 원문은 본래 14세기 중엽, 즉 본고에서 논의하고자 하는 원-고려 시대의 출산 문화의 현장을 담고 있는 것인데, 15세기 말인 조선 성종 때 명나라 갈귀(葛貴)가 14세기 중엽의 원나라 시기 한어를 명나라 때인 15세기 말의 한어로 수정한 이른바 산개본(刪改本)『박통사』의 것이다. 한편 현재 전하는『박통사』는 이 산개본『박통사』를 16세기 초, 당대 최고의 역관이었던 최세진이 당시 현실 한자음을 언문으로 발음을 적고 16세기의 조선어로 언해하여 출간한 것이 상·중·하 3권 중 상권만 전하고 있는데 이를 (번역)『박통사』라고 구별하고 있다.

〈표2〉에 제시된 제29화 속 이야기는 바로 이러한 (번역)『박통사』속의 현실을 담고 있어서 14세기 중엽의 원-고려 시대의 한어를 15세기 말의 한어로 수정한 원문(즉 원-고려 시대 이야기를 기본으로 하고 이를 명대 초기 언어로 수정한 것)에 16세기 현실 한어음과 16세기 조선어 언해를 덧붙인 자료여서 '원-명'의 문화와

'고려말-조선초중기'의 문화적 요소가 뒤섞여 있는 혼합적 자료라는 점을 인식할 필요가 있다. 그럼에도 불구하고 이 이야기의 원천은 원-고려시대 인 14세기 중엽을 배경으로 하는 것이므로, 본고에서는 이 이야기 속 출산 문화를 14세기 중엽의 원-고려가 공유하고 있던 시절의 동북아시아적 공통의 문화재로 보고 이야기를 전개하고자 한다.

아마도 갓 아이 아빠가 된 사람과 그의 친구 간의 대화로 재구성되었을, 위 제29화의 이야기는 크게 기(산후 식생)-승(산후 잔치)-전(수유 문화)-결(부모의 길)의 네 부분으로 구성되어 있다.

출산 직후, 산모의 식생

첫 번째 구성에서는 잘생긴 사내아이를 낳은 산모가 산후조리를 어떻게 해야 하는지를 소개하고 있다. 처음에는 죽(粥)을 먹다가 '신 것[酸], 단 것[甜], 비린 것[醒], 누린 것[葷]' 들은 먹지 말고 좋은 '장아찌[醬瓜兒]' 조금하고 밥[飯]을 한 달간 먹고 나서야 일상적인 식단으로 돌아갈 수 있다.

갑: 제수씨는 언제부터 죽을 드시나?

을: 이제 사흘 됐어.

갑: 아들이야, 딸이야?

을: 잘 생긴 사내아이야.

갑: 잘됐다, 잘됐어. 다만 산후풍이 들까 걱정이구나. 제수씨한테 말씀 드려서 아주 조심해서, 신 것, 단 것, 비린 것, 누린 것 들은 드시지 말고 좋은 장아찌 조금하고만 밥 드시라고 해라. 한 달이 지난 뒤에는 먹어도 괜찮을 거야.

(산개본)『박통사』제29화의 원문에서는 '산후풍(産後風)'의 원조격이라 할 수 있는 '산후풍감모(産後風感冒)'라는 단어가 등장한다. 산후풍이 본래 풍한(風寒, 즉 감기)의 일종임을 말해 주는 이러한 단어 혹은 어휘적 용법들은 의학 용어로서의 '산후풍'의 어휘사에서도 중요한 위치에 있는 표현이다.

시고 달고 비리고 누린 음식을 피하고 약간의 짠맛을 가미한 장아찌 밑반찬에 맨밥만 최소 한 달간 먹음으로써 자극적인 식생활을 하지 않도록 권하는 문화적 흐름이 이 이야기를 통해 분명하게 확인된다. 700년 전의 이야기이다.

한 달 잔치와 백일 잔치

이 이야기는 이어서 아이를 낳은 지 만 한 달이 되면 산파가 와서 아이를 깨끗한 대야물에 담그고 친척들을 불러다가 아이의 장수와 복록을 축하 받고 또 백일에 잔치를 여는 출산 이후의 문화를 소개한다.

만 한 달이 되는 날에는 산파(産婆)가 와서 아기를 대야 물에 담그면 친척들이 그 물에 금, 은, 진주 같은 것들을 각각 던져준다. 그러고 나면 산파가 아기를 씻기고 머리를 깎은 뒤 아이를 요람에 올려놓는다. 요람틀을 사다가 바닥에 돗자리를 깔고 또 담요를 깔고, 그 위에 기저귀[襁]를 두세 장 깔고 나서 아이를 누이고 위에 제 옷을 덮어주고 포대기로 동여맨다. 오줌 받는 호리병박을 그 구멍에 맞추어 놓고 요강을 밑에 놓는데, 아기가 울 때는 요람을 흔들어 달래면 금방 그친다. 한 달 된 잔치를 할 때에 산파(産婆)에게 은과 비단으로 사례를 하고 백일(百日)에 또 잔치를 열면 친척들이 다 와서 축하를 한다. 아기를 데려다가 또 머리를 깎고 정수리에 뜸을 뜨고 그날 산파(産婆)에게 또 사례를 한다.

이 부분은 이야기 속에서 회화문이 아니라 지문식으로 제시되었다. 잔치는 한 달째 되는 날과 백일째 되는 날, 두 번에 걸쳐서 하는데 우리네 전통에서 삼칠일(즉 아이가 태어난 지 21일째 되는 날)에 가까운 친지를 초대해서 아기를 축복하고 백일잔치를 여는 것과 같다.

산파가 아이를 받아서 물대야[盆子]에 담그면 친척들이 와서 그 물에 금, 은, 진주 같은 것들을 각각 던져서 아이를 축복하는 문화는 오늘날의 우리 문화와는 확실히 다른 것이다. 산파가 아이를 물대야[盆子]에서 씻기고 배냇머리를 깎고 나서, 요람틀[搖車]을 만들어다가 바닥에 돗자리[蒲席]와 담요[氈子]를 깔고 그 위에 기저귀[褓子]를 두어 장 깐 뒤 그 위에 아이를 누인다. 아이를 누일 때는 오줌 받는 호리병박[胡蘆]을 그 아래에 대고 요강[尿盆]에 연결해 두는데 아이가 울면 요람을 흔들어 아이를 달랜다. 산후 한 달이 되면, 잔치를 열고 산파에게 은과 비단으로 사례를 한다. 백일이 되면 또 잔치를 열어 친척들이 다 모여서 축하를 하는데, 그 후 산파는 아이를 데려다가 머리를 깎이고 정수리에 뜸을 떠서 아이의 건강을 정성껏 챙기고 아기의 부모는 산파에게 그에 상응하는 사례를 하게 된다.

이와 같이 원-고려 시기에는 오늘날의 우리처럼 아이를 낳은 집에는 정해진 기간 동안 출입을 금하는 풍습이 있었던 것 같다. 현대 몽골에서는 산후 6~7일 정도가 지난 후에 산후 아이 씻기는 행사를 하는데, 때로는 16일 정도가 지난 후에 하기도 한다. 몽골에서는 지금도 이러한 아이 씻기는 행사를 하면서 비로소 아이에게 이름을 붙여준다고 하니, 예나 지금이나 몽골에서 아이 씻기는 행사는 공식적으로 아이를 세상에 선보이는 중요한 행사였던 모양이다.

아이를 씻기는 행사와 더불어 아이 머리를 깎는 행사도 특별한 의미가 있다. 아이 머리를 깎는 것은 집안 잔치와 같은 의미가 있다. 몽골에서 아이 머리를 깎을 때는 뒤통수 쪽 머리는 깎지 않고 놓아둔다. 사람 몸에서 뒤통수가 가장 신성한 곳이라고 여기기 때문이다. 몽골에서는 이런 머리털을 '뿔털'이라고 하는데, 이는 고대 토템 신앙에서 유래한다고 한다. 토템 신앙에서 뿔은 강한 주술적 힘을 가지고 있다고 생각하기 때문이다.

아이가 태어나고 한 달째 되는 날과 백일째 되는 날에도 잔치를 한다. 한 달이 되어서 하는 잔치는 아이와 산모가 건강하고 음식 금기와 같은 부담에서 벗어난 데 대한 축하와 축복의 의미가 있고, 백일 잔치는 아이의 장수를 비는 의미를 지닌다.

아이가 태어난 지 7일이 된 날을 '일랍(一臘)'이라고 하고 1주년을 '백수(百
晬)'라고 하며 백일(百日)을 '백세일(百歲日)'이라고 했다 한다. '일랍(一臘)'은 한
주기를 지냈다는 뜻을 지닌 용어로서, 불교에서 '일랍(一臘)'은 '한 해[一年]'를
가리킨다. '백수(百晬)'는 지금은 사용되지 않는 말인데 '수(晬)' 자체로 '한 돌,
한 달, 백일'을 가리키는 용법이 있으므로 문자 그대로는 '주기'를 뜻하는
용어이다. 우리나라에서의 백일(百日) 잔치는 이 당시의 '백세일(百歲日)'과 같
은 것인데 '백세일(百歲日)'이라는 말은 아마도 아이가 '백세(百歲)'까지 살기를
기원하는 마음에서 붙여진 이름인 듯하다.

산후 한 달이 되면 산모에게 비로소 바깥 출입이 자유로워지고 먹을거
리 단속도 끝내게 된다. 산모는 한 달이 될 때까지 찹쌀죽과 장아찌 등의
간소하고 부담이 적은 음식만을 먹는데, 이를 어기면 당장에는 느끼지 못
하지만 손(損)을 입기 때문이라고 한다. 그러므로 한 달이 되는 날에는 산모
와 아이가 이처럼 조심해야 하는 시기를 무사히 보낸 것을 축하하는 의미
에서 술을 곁들여 아이를 낳은 산모에게 잔치를 벌여주는 것이다.

수유(授乳) 문화

(산개본)『박통사』제29화의 끝부분에는 출산 후 아이를 위한 유모(젖어미)를
구하는 내용이 담겨 있다.

갑: 지금 모유를 먹이니, 아니면 젖어미를 구했니?

을: 좋은 젖어미를 구했는데, 젖값을 한 달에 두 냥씩 주고 철마다 옷을 해 줘. 자식 키우기가 정말 어렵더라.

갑: 그래, 참 어려워. 배어서 열 달, 젖 먹이는 데 삼 년, 아이는 마른 데 가려 누이고 어미는 젖은 데 누워 천신만고 끝에 길러서 사람이 되게 하는 것이다. 이러니 옛사람들이 '자식을 길러 봐야 비로소 부모의 은혜를 안다'고 하는 거잖아.

산모의 건강을 위해 젖어미(즉 유모)를 들이고 아이의 젖값을 한 달에 은 두 냥씩 지불한다. 은본위제 경제를 운영하고 있던 원-고려 시기 은 두 냥은 곱게 물들인 비단 한 필을 살 수 있는 값이고 웬만한 집의 한 달치 월세에 해당한다. 이 돈이면 쌀로는 20말[斗]을, 양고기나 돼지고기를 100근을 구입할 수 있다. 현대의 단위로 환산하면, 쌀 20말은 1섬(2 가마)에 해당하고 돼지고기 100근은 60kg이다. 직접 비교가 쉽지는 않지만 이를 현대적 기준과 비교하면 다음과 같다. 20세기 초 남자 머슴(일꾼)의 1년 세경이 쌀 5섬~6섬이었고, 돼지고기 60kg은 표준 출하 규격에 해당하는 150kg의 돼지 1마리를 도살하여 얻을 수 있는 살코기 전부보다도 많은 양이다. 어느 기준으로 보나 젖어미의 한 달 사례가 2냥이었던 것은 상당히 좋은 대우였을 것으로 짐작할 수 있다. 더구나 이 집에서는 젖어미에게 사철 옷도 해 입힌다고 하니, 그 대우가 여간 좋았던 것이 아니다.

이야기의 마지막에는 배어서 열 달, 젖 먹이는 데 삼 년, 아이는 마른 데 가려 누이고 어미는 젖은 데 누워 가면서 천신만고 끝에 길러서 사람 되게 하는 육아의 어려움을 옛사람들이 '자식을 길러 봐야 비로소 부모의 은혜를 안다'고 한 관용 표현을 통해 강조함으로써, 단순히 대화의 맥락을 넘어서 당시의 육아 문화 전반을 이해할 수 있도록 내용을 제시하였다.

이상의 내용은 아이를 낳고, 몸을 삼가며, 키우는 모든 과정이 노력과 정성이 드는 새롭고도 힘든 과정임을 보여주고 있다. 이 당시나 지금이나 아이를 낳아 기르는 모든 과정이 부모가 되어 가는 과정이며 삶에 대한 좀 더 깊이 있는 이해에 다가서는 과정임을 역설하고 있다.

『박통사』의 육아 문화

『박통사』 제69화에서는 젖어미(즉 유모) 외에 아홉 달 된 아이를 돌보는 보모를 구하는 육아 문화의 한 과정을 소개하고 있다.

〈표3〉『박통사언해(朴通事諺解)』 제68화의 원문-언해문-현대역

	중국어 원문 (14세기 중엽+15세기말)/17세기 발음	17세기 조선어 언해문	현대어 번역문
기	這孩兒幾箇月也? 져해올기거워여 九箇月了, 不到一生日裏. 揩了 他䶝帶, 揩的乾净着. 긔거워랃 부단이승싀리 힝랃타눙대 캐디 간징죠	이 아히 몃 돌이나 ᄒ뇨 아홉 돌이라 ᄒᆞ 싱일이 다듯디 못ᄒ여셔 제 코롤 프러 슷기롤 간졍히 ᄒᆞᄂ니라	아기가 몇 달 됐어요? 아홉 달이야. 돌도 안 됐는데 저혼자 코를 풀어 깨끗이 닦을 줄알지.

會爬麼? 휘파마	긔기롤 아ᄂ냐	기나요?
爬得. 파더	긔ᄂ니라	기지.
기	這妳子也好不精細, 眼脂兒眼角 裏流下來, 不曾揩來 我饋你揩 的乾浄着. 져내즈여환부징시 연 즈올연교리릭하레 부층캐레 오 긔니캐디간징죠	이 졋어미 ᄀ장 졍셰티 아니ᄒ 다 눈썹이 눈ᄉ석에 흘러 ᄂ리 되 일즙 슷디 아니ᄒ여시니 내 너롤 슷기롤 간졍히 ᄒ여 주마	유모가 참 세심하지 못하네요. 눈가에 눈곱이 꼈는데, 닦아주지 도 않았어요. 아가야, 내가 깨끗 이 닦아 줄게.
	孩兒腕搭兒腕搭兒. 해올완난올 완난올	아히 완나이질 ᄒᄂ냐 완나이질 ᄒᄂ냐	아가, 쯤쯤!
승	把那手來提的高着, 打光光, 打 凹凹. 바나싀레티디간죠 다광광 다와와	뎌 손을다가 들기롤 노피 ᄒ여 광광이질 ᄒ며 와와이질 ᄒᄂ니 라	손을 높이 들고 광광(光光)이질도 하고 요요(凹凹)이질을 도 하네.
	這孩兒亭亭的麼? 져해올팅팅디마	이 아히 딩딩이질 ᄒᄂ냐	얘가 정정(亭亭)이질은 하나요?
	恰學立的, 腰兒軟, 休弄他. 캬효 리디 얀올원 휘룽타	ᄀ 셔기 빈호듸 허리 므르니 뎌 롤 농티 말라	이제 막 서는 것 배우는데, 허리 가 여리니 너무 높이 들지 말게.
	不妨事, 我試一試. 부팡스 오스이스	일에 해롭디 아니ᄒ니 내 시험 ᄒ쟈	괜찮아요, 제가 한번 해 볼게요.
전	休跌了孩兒 那一日喫了一跌, 額 頭上跌破了, 娘子見了時, 聒譟 難聽. 휘더랃해올 나이싀치랄 이더 여튯샹뎌포랃 냥즈견랃스 고산난팅	아히롤 구르티디 말라 뎌 ᄒ 날 ᄒ 번 구러딤을 닙어 니마히 구 러뎌 해야디니 娘子ㅣ 보고 짓궤 니 듯기 어렵더라	아이를 넘어뜨리지 말게. 지난번 에는 넘어져 이마가 찢어졌는데, 아이 어머니가 보고 어찌나 뭐라 하던지 듣고 있기 힘들었네.
결	你說的是. 你好生用心看守着, 不用心收拾時怪你. 니쉐디스 니 핟숭융신칸싀죠 부융신싀스시스 괘니	네 닐옴이 올타 네 ᄀ장 용심ᄒ 여 간슈ᄒ라 용심ᄒ여 슈습디 아니ᄒ면 너롤 허믈ᄒ리라	자네 말이 맞네. 성심을 다하여 아이를 돌보게. 성심껏 하지 않 으면 혼내줄 테니.
	過了一生日時, 便那的步兒, 고란이승싀스 변노디부올 我也做饋他一對學行的綉鞋. 오여주긔타이뒤효힝디싀혜	ᄒ 生日이 디나면 곳 논힐휘 거 롤 쩌시니 나도 ᄒ 쌍 거름 비 호ᄂ 슈신을 지어 뎌롤 주리라	돌이 지나면 걸을 수 있을 것이 니 내가 아이에게 걸음 배우는 꽃신을 만들어 줄게.

〈표3〉은 『박통사』 제68화를 중국어 원문-조선시대 언해문-현대 한국어 번역문으로 재구성한 것이다. 앞서 언급한 『박통사』 속 중국어 원문은 본래 14세기 중엽, 즉 원-고려 시대의 내용을 담고 있는 것인데 15세기 말인

조선 성종 때 명나라 갈귀(葛貴)가 14세기 중엽의 원나라 시기 한어를 명나라 당시 한어로 수정한 이른바 산개본(刪改本)『박통사』를 16세기 초, 당대 최고의 역관이었던 최세진이 당시 현실 한자음을 언문으로 발음을 적고 16세기의 조선어로 언해하여 출간한 (번역)『박통사』가 상·중·하 3권 중 상권만 전하고 있기 때문에 부득이 제68화의 내용은 후대인 17세기에 역관인 변섬(邊暹)·박세화(朴世華) 등에 의해 새롭게 언해된『박통사언해』의 내용에서 인용하였다. 따라서 이 부분의 한어 원문은 앞선 29화의 경우와 마찬가지로 14세기 중엽(원-고려시기)의 원문이 15세기 말(명나라)에 수정된 것에 17세기의 명나라 발음이 덧붙여진 것이고, 언해는 17세기 조선어가 반영된 것이다. 원-명/고려-조선의 연결은 마찬가지이지만 이 시기가 되면 중국어 한어 원문에 대한 조선어 화자들의 이해가 이전보다 불충분해져서 문맥에 따라 오역이 늘어나는 측면이 있다.

어쨌든 보모를 구하는 과정임을 고려할 때, 아마도 신분상의 차이가 있는 두 명 이상의 화자의 대화를 담은 이 이야기를 통해 오늘날의 관점에서 볼 때 매우 흥미로운 문화적 양상 몇 가지를 짚어볼 수 있다.

〈육아 문화〉

갑: 아기가 몇 달 됐어요?

을: 아홉 달일세. 아직 돌도 안 됐는데 저 혼자 코를 풀어 깨끗이 닦을 줄 알지.

갑: 기나요?

을: 기지.

갑: 유모가 참 세심하지 못하네요. 눈가에 눈곱이 꼈는데, 닦아주지도 않았어요. 아가야, 내가 깨끗이 닦아 줄게.

『박통사』 제68화의 이 이야기는 이제 막 새로 온 보모와 아홉 달 된 아이의 부모 혹은 부모의 대리자 간의 대화로 이해된다. 좋은 보모를 구하기 어려운 현실을 반영하듯 보모에게 아이가 아홉 달밖에 안 되었지만 스스로 기어다니면서 코도 풀고 깨끗이 닦을 줄도 안다는 것을 강조하는 부모와, 유모가 세심하지 못해서 아이의 눈가에 눈곱[眼脂兒]이 꼈는데 닦아 주지도 않았음을 강조함으로써 아이를 돌보는 일이 매우 세심한 주의가 필요한 일임을 주장하는 보모의 입장이 잘 드러나 있다.

무엇보다 이 이야기에서 중요한 점은 육아의 과정에 나타나는 특수 어휘들을 소개하고 있다는 것이다.

〈유아의 활동〉

갑: 아가, 쥠쥠!

을: 손을 높이 들고 광광(光光)이질, 요요(凹凹)이질도 하네.

갑: 예가 정정(亭亭)이질은 하나요?

을: 이제 막 서는 것 배우는데, 허리가 여리니 너무 높이 들지 말게.

갑: 괜찮아요, 제가 한번 해 볼게요.

을: 아이를 넘어뜨리지 말게. 지난번에는 넘어져 이마가 찢어졌는데, 아

이 어머니가 보고 어쩌나 뭐라 하던지 듣고 있기 힘들었네.

위에는 보모가 아이의 상태를 묻는 과정에서 '완낙질[腕挼兒腕挼兒]'이나 '광광(光光)이질', '요요(凹凹)질', '정정(亭亭)이질' 등과 같은 유아용 동작을 나타내는 당시의 구어 자료가 제시되어 있다. '광광이질(光光~)', '요요이질(凹凹~)', '정정이질(亭亭~)' 등은 아이의 동작을 한자의 모양과 연결시켜서 이르는 말이어서 그 의미를 추측할 수 있다. 조미령(姚美玲, 2011)에 따르면 "아기의 머리를 깎으면 머리가 미끄럽고 반짝이는데, 이때 아기가 손을 올려 자기의 머리에 치는 것을 '타광광(打光光)'이라" 한다. 즉 '광광이질'이란 갓 태어난 지 얼마 안 된 아이가 처음 머리를 깎고 난 뒤 손을 올려 자신의 머리를 치는 동작을 가리키던 말이다. 또 조미령(2011)에서는 '요요이질(凹凹~)'이 손을 입에 대고 '와와'거리는 동작을 가리키는 말임을 설명해 주고 있다.

〈요요이질〉

"打凹凹"的"凹凹"与"哇哇"同音. 七八个月大小的婴幼儿, 开始练习发声, 把小手拍在嘴上, 发出"哇哇"的声音. 称为"打哇哇".

'打凹凹'의 '凹凹'는 '哇哇'와 음이 같다. 아기가 7, 8개월이 되면 발성 연습을 시작한다. 작은 손으로 입을 치면서 '와와'와 같은 소리를 내는데 이러한 행위를 '打哇哇'라고 한다.) -조미령, 2011

오늘날에도 아기들이 처음 말을 배우기 전에 '아바바' 하고 자기 손으로 입을 치면서 소리 내는 법을 배우는 과정과 연결된다.

'정정이질(亭亭--)'은 한국어에서의 '곤두곤두'에 해당한다. '곤두곤두'는 『표준국어대사전』에 "어린아이를 손바닥 위에 세우며 가락을 맞출 때 내는 소리"로 풀이되어 있는데, 한국어의 방언에서는 '고네고네, 고노고노, 꼬네꼬네, 꼬노꼬노, 꼰두꼰두' 등 다양한 발음으로 실현된다. 지역에 따라서는 '섬마섬마'와 혼동해서 사용되기도 한다.

조미령(2011)에서는 "정정이질(亭亭--)'를 다음과 같이 설명하고 있다.

〈정정이질〉

"'亭亭', 是直立的意思. 九十个月以后的小孩, 要开始学习站立行走了. 大人一手让小孩站着, 另一手护着小孩, 称为"亭亭", 以锻炼小孩的站立能力.

'亭亭'은 직립하는 것이다. 아기가 9, 10개월이 되면 혼자 서서 걷기를 배우기 시작한다. 어른이 한 손으로 애기를 서게 하면서 다른 손으로 아기를 보호하는 것은 '亭亭'이라고 한다. 이렇게 해서 아기가 서는 능력을 키우는 것이다.-〈姚美玲, 2011〉

조미령(2011)의 설명 속 '亭亭'의 의미, '어른이 한 손으로 애기를 서게 하면서 다른 손으로 아기를 보호하는 것'은 정확히 우리네 '곤두곤두'의 의미에 해당한다. 따라서 『표준국어대사전』 속 '곤두곤두'의 뜻풀이 '어린아이를 손바닥 위에 세우며 가락을 맞출 때 내는 소리'는 이에 따라 '어른이 어린아이를 한 손바닥 위에 세우며 다른 손으로 아기를 보호하며 가락을 맞출 때 내는 소리' 정도로 수정될 필요가 있겠다. 한편 '완낙질[腕搭兒腕搭兒]'의 경우는 '손을 붙잡다'라는 어휘 의미의 반복으로부터 이루어진 말인데, 조미령(2011)은 여기서의 '완낙아(腕搭兒)'를 '弯挠'의 변이형으로 설명하고 있다.

〈완낙질〉

'五六个月的小孩, 四个手指伸直后再弯曲, 能反复几下, 称为会 "弯挠"了.

오륙 개월 된 아기가 손가락 네 개를 펴고 접기를 여러 번 반복하는 것을 '弯挠' 알았다고 한다.)'

맥락적 의미를 고려할 때 여기서의 '완낙질'은 한국어의 '곤지곤지'나 '죄암죄암/죔죔'과 관련되는 말로 이해된다. 〈박통사언해〉에서는 '완낙질ᄒᆞᄂᆞ냐 완낙질ᄒᆞᄂᆞ냐'와 같이 의문문의 반복으로 번역하고 있다. 하지만 현대 중국어 문법에서는 '腕搭兒腕搭兒'과 같은 중첩 방식은 가벼운 명령을 나타내는 것이다. 맥락적 의미를 고려할 때, 이 부분의 올바른 현대역은 '아가, 완낙질해 봐'의 맥락에서 '아가, 죔죔!(죔죔하고 따라해 봐)' 정도가 타당할 것이다.

이와 같이 『박통사』 제68화에 나타나는 유아의 활동을 나타내는 단어들, '완낙질[腕搭兒腕搭兒]'이나 '광광(光光)이질', '요요(凹凹)질', '정정(亭亭)이질' 등은 이 자료 이외의 문헌적 근거를 찾을 수 없기 때문에 그 정확한 의미를 알기 어렵지만 한국어의 육아 관련 어휘 문화 중에서 죄암죄암, 곤지곤지,

도리도리, 부라부라, 걸음마걸음마, 섬마섬마, 곤두곤두 등에 해당하는 말임을 알 수 있다.

이 중국어 어휘들은 일상의 대화에서는 전혀 나타날 일이 없는 문화적 원형에 속하는 단어들로, 원대 중국의 육아 문화를 이해하는 데 매우 중요한 어휘들이다. 당시 중국어 회화를 배우던 고려인들은 이 이야기를 통해 당시 원나라의 대도에서 아이의 신체 발달을 위한 놀이에 무엇이 있었는지 알 수 있었을 것이다. 무엇보다 이 부분은 다른 어떤 문헌에서도 확인할 수 없는 원나라 당시의 육아 문화에 대한 거의 유일한, 생생한 보고 자료라는 점에서 오늘날의 관점에서도 큰 의의가 있다.

『박통사』 제68화의 맨 마지막에는 화자가 아기가 태어난 지 돌[1년]이 지나서 자기 혼자서 걷게 되면 수놓은 유아용 꽃신[繡鞋]을 사 주겠다는 약속을 하는 장면이 나온다.

〈유아용 꽃신〉
갑: 돌이 지나면 걸을 수 있을 것이니 내가 아이에게 걸음 배우는 꽃신을 만들어 줄게.

아마도 화자가 만들어 주는 꽃신은 일반적인 가죽신과는 다른, 좀 더 유아들이 신기에 좋게 만들어진 작고 부드러운 신발일 것이다. 이러한 신발이 어떠한 맥락을 통해 만들어지고 이어졌는지 오늘날 우리는 정확히 알지 못하지만 원-고려 시기에 형성된 중국과 한국에서의 육아 전통이 이러

한 사소한 생활 문화 속에 연면히 남겨져 있음을 깊이 생각해 둘 필요가
있다.

『박통사』 속, 유물로서의 언어 자료

이상에서 14세기에 원나라 대도에서 생활하기 위해 한어를 배우려 했
던 고려인들을 위한 회화서 『박통사(朴通事)』 속에 실린 원-고려 시기 출산
문화와 육아 문화를 생생한 대화의 맥락에서 살펴보았다. 이 이야기 속의
대화가 원-고려 시기 출산 문화와 육아 문화의 전반을 말해 주는 것은 아
니지만 어떠한 유물도 말해 줄 수 없는 언어적 용도로서의 출산 문화와 육
아 문화의 유형적, 무형적 문화소를 우리에게 알려준다는 점에서 『박통사
(朴通事)』의 이 두 이야기는 매우 중요한 의의가 있다.

특히 출산 문화에서 보여주는 요람의 구성이나 한 달 잔치, 백일잔치, 돌
잔치 등의 동질성이라든지, 육아 문화에서 보여 주는 '완낙질-쥼쥼/죄암죄
암', "정정이질-곤두곤두' 등의 연결은 언어와 문화 면에서 동북아시아적
전통이 생각보다 훨씬 멀리서부터 그 끈이 이어져 있음을 말해 주는 중요
한 간접 증거가 될 것으로 생각된다. 출산 및 육아 문화를 말해주는 각종
유물에 대한 이해는 이러한 간접적 사례들이 모일 때 좀 더 분명하고 폭넓
게 받아들여질 것이다.

순산을 돕는
의료기기와 출산권

김현수(경희대학교 인문학연구원 HK+통합의료인문학연구단 HK연구교수)

김현수__ 경희대학교 인문학연구원 HK+통합의료인문학연구단 HK연구교수. 동국대학교 철학과를 졸업하고 동대학원에서 박사학위를 받았다. 주요 저서 및 논문으로는 『출산의 인문학』(공저), 『출산, 대중매체를 만나다』(공저), 「고통받는 환자의 온전성 위협과 연민의 덕」, 「의철학적 관점에서 본 장자 중 중국고대의학사상의 면모: 질병과 질환을 중심으로」 등이 있다.

경부와 산통

출산의 역사는 인류의 역사와 그 노정을 같이 해 왔다. 전자가 인간 개인에 한정되고 후자가 인간 종을 아우르는 차이는 있을지언정, 출산이라는 행위 없이 인류의 역사는 존재할 수 없었을 것이다. 인류학자들은 화석 자료를 근거로 인간의 진화 과정 중 직립보행을 하게 되면서 골반의 구조가 변하였고, 뇌의 용적은 점점 커져 출산 시 좁아진 골반으로 큰 머리가 통과하는, 곤란을 겪게 되었다고 말하기도 한다.(유재은 2008: 11) 인류학자들의 주장을 고려하여 여기에서 언급하는 인간은 완전한 직립 자세와 보행 자세에 적응한 호모 사피엔스로 한정한다.

자궁 출산을 하는 인간 종의 특성상, 출산은 필연적으로 통증을 수반한다. 그 특성은 여성의 신체 구조와 연관된다. 이를 모체의 자궁구에 해당하는 경부(cervix)와 태아의 머리둘레 크기의 차이를 통해 확인해볼 수 있다. 임신 42주차 출산이 임박했을 때, 태아 두개골의 최대 좌우 길이인 '머리 직경(BPD; Biparietal diameter)'은 10센티미터 정도이다. 경부의 관, 즉 경관 또한 10센티미터 정도까지 열린다. 10센티미터라는 공통된 수치만 놓고 보면, 출산이 매우 쉽게 이루어질 것 같다. 그러나 이때 태아의 '머리 둘레(HC; Head circumference)'는 32-36센티미터 정도나 된다. 2022년 8월 24일 갱신된 국가통계포털(KOSIS)의 1995년부터 2021년까지의 〈시도/임신기간별 출생〉 자료에 따르면, 임신 38주가 가장 높은 비중을 차지하고 있다. 그리고 이 때를 기준으로 볼 때, 태아의 머리 둘레는 34센티미터에 가깝다. 견갑 둘레나 가슴 둘레도 그와 비슷하다. 입을 좌우로 최대 7센티미터 정도 벌려보자. 다음에는 입을 위아래로 최대한 벌려보자. 당연하게도 입을 위아래로 최대한 벌렸을 때, 입의 좌우 길이는 7센티미터보다 작아진다. 이번에는 좌우와 위아래를 동시에 최대로 벌려보자. 좌우든 위아래든 직경은 7센티미터에 미치지 못할 것이다. 자궁을 머리라 한다면, 경부는 목에 해당한다. '경부(頸部)'라는 표현이 이미 머리 둘레보다 가는 목 둘레를 의미하고 있다. 인간 가운데, 목 둘레보다 머리 둘레가 작은 경우는 없다 해도 무방하다. 이런 점에서 자궁의 태아가 경부의 관과 질구를 거쳐 모체 밖으로 나오는 과정이 머리가 목을 통과하는 일처럼 매우 어렵고 통증이 따를 것임은 경험 유무를 떠나 충분히 짐작할 수 있다.

태아가 자궁으로부터 질을 통과해 바깥으로 배출되는 현상을 가리키는 '출산'을 의학에서는 4단계로 구분한다. 1단계에서는 규칙적 자궁수축이 시작되어 경부가 완전히 열린다. 이 단계를 영어로는 'labour'라 하고 우리말로는 '진통'이라 옮긴다. 출산 2단계의 통증이 태아 하강으로 인한 질과 회음부의 팽만을 원인으로 하여 회음부에 심한 통증을 일으키는 것과는 달리, 출산 1단계에서는 주로 자궁수축과 경부의 확장으로 인해 배꼽과

치골 사이의 하복부, 하배부에 통증이 발생한다.(이해진·전진영 2010: 60-61) 다만
'labour'는 출산 1단계 외에도 2단계를 가리키거나 네 단계 모두를 아울러
뜻하기도 한다. 2단계에서는 아기가 질구 바깥으로 완전히 나온다. 3단계
에서는 태반이 나온다. 4단계는 태반 반출 후, 1-2시간까지를 뜻한다. 앞서
비유를 위해 진통이 시작되는 출산 1단계 초기 1센티미터 미만의 작은 크
기에서부터 1단계가 끝날 무렵 경관이 크게 열리는 때의 10센티미터와 30
센티미터가 넘는 태아의 머리 둘레 크기를 단순 비교하였으나, 이는 태아
머리가 골반 입구로 진입하기 전 내진을 통해 확인된 수치일 뿐이다. 단순
히 2-3센티미터 길이에 두께 1센티미터의 경부가 10센티미터로 열리고 그
곳을 통해 태아가 통과하는 것이 아니라, 태아가 자궁에서 배출될 때 경부
는 점차 짧아지고 종이처럼 얇아지며 들어올려져서 소실되었다고 표현할
정도로 크게 열린다. 즉 출산 2단계인 '분만(delivery)'은 자궁수축에 의한 밀
어내는 힘으로 태아가 산도인 질로 밀려 내려가는 것이지만, 달리 말해 이
는 태아가 경관을 열어젖히면서 머리, 어깨, 몸통까지 배출되는 과정이다.
더욱이 그 배출은 질구 또한 통과해야 하기에, 회음부는 물론 항문까지 열
상이 생길 정도가 된다. 말 그대로 살이 찢기는 통증이다. 이에 동반되는
산통이 앞서 짐작했던 정도를 넘어설 것임을 또한 예상할 수 있다.

　〈국가통계포털〉에 따르면, 2008년부터 2018년까지 분만중 회음열상의
질병으로 인한 입원·외래 환자의 수와 출생아 수는 다음과 같다.

〈표 1〉 2008년-2018년 분만중 회음열상 입원·외래별 환자 수와 출생아 수

년도	2008	2009	2010	2011	2012	2013	2014	2015	2016	2017	2018
환자 수(명)	1,335	1,240	1,061	826	767	714	551	782	1,054	1,136	1,033
출생아 수(명)	465,892	444,849	470,171	471,265	484,550	436,455	435,435	438,420	406,243	357,771	326,822

출생 관련의 자료가 별도로 제공되지 않고, 출생아 수의 자료에 쌍둥이를 비롯하여 다태아가 포함되어 있기에, 비율을 산출하더라도 자료의 정확성은 부족한 면이 있다. 그럼에도 전체 출생아 수 대비 분만중 회음열상의 질병을 갖게 된 산모의 숫자는 적다고 볼 수 없다. 제왕절개로만 출산한 경우에는 회음열상이 발생하지 않을 것이기 때문이다. 또한 분만(출산)과 관련된 질병은 회음열상만 있는 것이 아니다. 과체중 태아의 질식 분만은 골반 바닥 근막 지지의 붕괴와 음부 신경의 손상과 관련이 있을 수 있다.(Arulkumaran et al. 2020: 732) 이에 살이 찢어지는 열상, 특히 배뇨 기관과 근접한 신체 부위의 손상은 1천 명당 1-2명 꼴로 발생하더라도 결코 적다고 평가해서는 안 될 것이다.

인간의 출산이 필연적으로 통증을 수반한다면, 출산의 역사란 곧 통증의 역사라 해도 과언이 아닐 것이다. 그리고 인간이 출산 과정에서 통증을 피하고자 지속적으로 애를 썼다면, 그 역사 속에 출산 통증 경감을 추구한 노력들 또한 고스란히 담겨 있을 것이다. 대표적인 두 가지로 20세기 중반 프랑스에서 무통분만의 이름으로 등장한 라마즈 분만법과 오늘날 많은 산모들이 선호하는 경막외 진통(analgesia; 鎭痛)법을 들 수 있다. 아래에서는 출

산과 물질문화라는 이 책의 커다란 주제와 문제의식 속에서 그러한 노력의 흔적을 살피고자 한다.

난산과 무통분만

난산(dystocia; 難産)은 고대 그리스어 $\delta\nu\sigma\tau о\kappa i\alpha$(dustokía)를 어원으로 한다. $\delta\nu\sigma$-(dus-; bad)와 $\tau о\kappa о\varsigma$(tókos; childbirth)를 합하였기에, '어려운 분만(difficult childbirth)'을 뜻한다. 세계보건기구의 International Classification of Diseases, Eleventh Revision(ICD-11)과 우리나라의 한국표준질병·사인분류에서도 태아의 입장에서 '출생'을 뜻하는 'childbirth'를 '분만(delivery)'의 의미로 사용한다. 그러나 양자는 모두 '난산'의 영어 표현으로 'obstructed labour'를 채택하고 있다. 이처럼 '어려운 분만'을 뜻하는 난산은 출산 4단계 가운데, 2단계인 분만이 어떤 요인들로 인해 방해를 받아 그 진행이 느리거나 어려운 경우를 가리킨다. 그러나 어려운 분만은 인위적 개입 없이 시간이 지나면 저절로 진행이 계속되거나 어려움이 쉽게 해소되지 않는다. 그리고 많은 경우에 태아의 사산까지 초래할 수 있으므로 의학적으로는 질병이 된다. 제8차 한국표준질병·사인분류 대분류 중 〈ⅩⅤ. 임신, 출산 및 산후기〉에 따르면, 난산은 크게 세 가지로 나눌 수 있다. 첫 번째는 태아의 이상태위로 인한 난산, 두 번째는 산모골반이상으로 인한 난산, 세 번째는 앞의 두 경우에 해당되지 않는 경우의 기타 난산이다.

태아의 이상태위로 인한 난산에는 태아머리의 불완전회전으로 인한 난산, 둔부태위로 인한 난산, 얼굴태위로 인한 난산, 턱태위로 인한 난산, 이마태위로 인한 난산, 어깨태위로 인한 난산, 어깨난산, 복합태위로 인한 난산, 기타 이상태위로 인한 난산, 상세불명의 위치이상이나 이상태위로 인한 난산이 있다. 산모골반이상으로 인한 난산에는 변형된 골반으로 인한 난산, 골반출구 및 중간골반 수축으로 인한 난산, 전반수축골반으로 인한 난산, 골반입구수축으로 인한 난산, 상세불명의 태아골반불균형으로 인한 난산, 산모골반기관 이상으로 인한 난산, 기타 산모골반이상으로 인한 난산, 상세불명의 산모골반이상으로 인한 난산이 있다. 기타 난산에는 어깨난산으로 인한 난산, 고정된 쌍둥이로 인한 난산, 비정상 거대태아로 인한 난산, 태아의 기타 이상으로 인한 난산이 있다.

이 가운데, '어깨난산으로 인한 난산(obstructed labour due to shoulder dystocia)'은 세간에서 많이 회자되는 '아이를 낳을 때, 머리가 나오면 다 나온 것이다'라는 말에 대한 우리의 신뢰를 짓밟는 대표적 경우이다. 태아는 성장한 사람과 다르게 머리 둘레와 가슴 둘레 그리고 복부 둘레가 거의 비슷하다. 이 때문에 머리가 질구를 나오면 가슴과 배, 다리까지 모두 쉽게 나오리라 추측하게 한다. 그러나 태아의 머리가 나왔음에도 어깨는 모체의 두덩뼈 결합(치골결합; pubic symphysis)에 걸려 옴짝달싹하지 못하게 되는 경우가 발생한다. 특히 출생 때 몸체가 큰 태아의 큰 경우, 어깨난산과 맞물려 위험이 복합적으로 증가한다. 큰 몸체로 인해 분만 진행이 느리거나 난산의 위험이 증가하고, 이는 다시 응급 제왕절개와 산후 출혈의 위험을 증가시킨다.

큰 아기를 가진 질식 분만을 진행한 여성들에게서 어깨 난산과 관련된 산모 및 신생아의 출산 트라우마 위험이 증가했다는 지적도 있다.(Arulkumaran et al. 2020: 136)

'순산(easy delivery; easy childbirth; 順産)'은 글자 그대로 쉬운 분만(출산) 혹은 순조로운 분만(출산)을 의미한다. 같은 뜻의 우리말로는 '안산(安産)'을 들 수 있다. 그러나 어떤 경우에도 통증이 없을 수는 없으므로, '분만통(labour pain)'을 아우르는 '산고(産苦)'에 시달리지 않고 분만 혹은 출산을 마쳤을 때, "순산했다"와 같이 표현한다.

산고는 여성들에게 두려움의 대상이었다. 그리스 신화에서 제우스와 레토의 딸이자 아폴론의 쌍둥이로 태어나자마자 소녀로 성장한 아르테미스는 레토의 출산을 도왔고, 어머니처럼 산고를 겪지 않으려 제우스에게 평생 처녀로 있게 해달라고 부탁하기까지 했다.(민유기 2022: 185) 이 출산 이야기의 배경이 된 곳이 바다에 떠 있는 섬 델로스였다. 고대 그리스의 철학자 아리스토텔레스는 『니코마코스 윤리학』에서 행복이 가장 훌륭하고 가장 고상하고 가장 즐거운 것임을 말하면서 델로스 섬에 새겨진 다음과 같은 명문을 언급한 바 있다. "가장 고상한 것은 정의이고, 가장 훌륭한 것은 건강이다. 그러나 가장 즐거운 것은 바라던 것을 얻는 것이다." (천병희 옮김 2015: 44) 이를 출산에 적용해 본다면, 행복한 출산이란 정의롭고 건강하게 바라던 자녀를 품에 안는 최선의 활동이 될 것이다.

위에서 출산 통증 경감을 추구한 노력들의 대표적인 경우로 언급한 라마즈 분만법과 경막외 진통법은 모두 20세기 중반 이후 널리 퍼진 방법이다. 또한 두 가지 방법은 모두 넓은 의미에서 무통분만에 속하며 정신 요법(psychotherapy)과 마취를 통한 방법이라는 차이를 지닌다.

의료적 무통분만에 관한 최초의 기록은 19세기 중반 에테르(ether), 클로로포름(chloroform), 아편, 모르핀 등의 흡입 마취를 활용한 분만 기록이다. 산고를 느끼지 못하게 해 준 약물 흡입 마취분만은 '19세기 산과혁명'으로 간주되기도 했다. 이런 변화의 시작은 1847년 1월 스코틀랜드 의사 심슨(James Y. Simpson)이 골반이 변형된 산모의 출산에 진통제로 사용되던 디에틸에테르를 사용하면서부터였다. 하지만 산통 제거에 많은 양이 필요했던 역한 냄새의 에테르는 폐에 나쁜 영향을 미쳤다. 심슨은 에테르의 대안을 찾다가 클로로포름을 사용한 마취 분만에 성공했다.(민유기 2022: 189)

제2차 세계대전 이후 베이비붐은 전쟁터에서 돌아온 젊은 남성들이 새로운 세상에 대한 희망과 기대감으로 결혼을 하고 가정을 꾸리면서 나타났다. 이 시기 산부인과 의사들은 가능한 모든 방법을 통해 산고를 해소할 방법을 모색했다. 1946년 산부인과 학술지는 같은 해 개최된 프랑스어권 산부인과학회 학술대회 발표 논문들을 게재했다. 이 학술지는 산통 제거 시도들에 관한 논문들을 포함하였다. 산통 해소를 위한 의료적 처치는 약물 흡입 마취, 최면, 경막외 마취 주사였다. 전후 미국에서는 경막외 마취 주사가 확산되어 1946년에 만여 명이나 사용했지만, 프랑스 의사들은 비용과 안전성을 이유로 예외적인 경우에만 사용했다. 1940년대 말에는 자연출산, 1950년대 초에는 소련의 정신생리학(Psychophysiology) 무통분만법이 프랑스에 소개되었다.(민유기 2022: 191-192)

소련의 무통분만법이 프랑스에 처음 소개된 것은 1950년에 출간된 프랑스어권 산부인과학회 학술지를 통해서였으나, 이를 본격적으로 소개하고 발전시킨 사람은 의사 페르낭 라마즈(Fernand Lamaze, 1891-1957)였다. 낭시 대학 의예과 시절부터 같은 대학 의대교수로 통증, 혈관 수술, 교감신경의 권위자였던 저명한 외과 의사 르리슈(René Leriche)에게 영향을 받아 통증 문제에 관심을 가졌던 라마즈는 1951년 8월 중순 소련 의료계 탐방 여행을 떠나 9월 4일 레닌그라드 병원에서 분만의 통증자극에 대한 부정반사를 의식적 이완으로 제거하는 니콜라예프(A. P. Nikolaev)의 무통분만 순간을 목격했다. 프랑스로 돌아온 후 그는 주변에 이 무통분만을 '진정한 혁명', 여성의 산고를 없애줄 '빛의 근원'으로 홍보했다. (민유기 2022: 194-196)

그는 1956년에 출판한 무통분만 원리와 실제에 관한 책에서 정신예방법을 미래의 새로운 상황을 받아들이도록 합리적 경험을 통해 산모의 뇌를 훈련하는 것으로 소개했다. 분만 과정에서 자궁 수축 자체가 고통을 발생시키는 것이 아니라 자궁이 보내는 신호를 뇌가 잘못 해석해 고통을 느끼게 하므로, 뇌가 고통을 인식하지 않도록 만들면 무통분만이 가능하다는 것이다. 따라서 '무지에 의한 위험성 인식-수동성-복종-통증'의 과정을 '과학적 인식-능동성-해방-무통'의 과정으로 대체할 수 있다며, 임신과 출산 교육으로 산모의 과학적 인식과 능동성을 키우면 무통분만이 가능하다고 강조했다. (민유기 2022: 197-198)

19세기 중반부터 탐구되고 시도된 흡입 마취를 활용한 의료적 무통분만이나 제2차 세계대전 이후 베이비붐과 맞물려 널리 퍼진 라마즈 분만,

경막외 마취는 모두 화학, 정신생리학의 성과를 수용하고 발전시킨 현대 의학이 산과 영역에서 거둔 성과이다.

순산을 돕는 의료기기

인류의 역사만큼이나 오래된 출산의 역사에서 산모와 태아 모두의 건강을 해칠 수 있는 난산을 피해 순산을 성취하기 위한 노력은 과학 기술의 시대 이전에도 당연히 존재했을 것이다. 출산이라는 상황은 산모의 입장에서는 모체 내부와 세상이 접촉하는 때이며, 태아의 입장에서는 성스럽고 안전하며 정결한 모체 내부의 자궁으로부터 세속적이고 위험에 노출될 수 있으며 오염의 가능성이 높은 곳으로의 이주이다. 이에 우리가 익히 알고 있는 바와 같이, 인류는 출산의 때에 닥치면 정결한 출산 환경을 마련하고 감염의 요인들을 제거한 끓인 물, 탄생한 태아의 체온 저하를 방지하기 위한 싸개 등을 준비하는 등의 기본 지식을 갖추고 있다. 그러나 앞서 기술한 바와 같이, 30센티미터가 넘는 둘레의 태아가 경관을 열어젖히면서 산도로 진입하고 질구를 통해 머리, 어깨, 몸통까지 완전히 배출되어야 한다. 이에 산과와 관련된 해부학적 지식도 널리 알려지지 않았던 때에는 현대 의학과는 다른 면모를 보이면서 순산을 성취하려는 노력을 했을 것임을 추측할 수 있다. 그 대표적인 사례로 산과겸자(obstetrical forceps)를 들 수 있다.

우리에게 친숙한 겸자는 외과 수술 과정 등에서 지혈을 하거나 물체를 고정시킬 때 사용하는 날이 없는 직선형 혹은 곡선형의 그것이다. 산과겸 자는 출산 시 태아의 머리가 잘 나오지 않을 때에 머리를 잡아끌어 안전한 분만을 도와주는 집게 모양의 기기이다. 16세기경 영국과 프랑스에서 활동한 체임벌린(Chamberlen) 가문에서 산과겸자를 개발하였고 그 사용법을 100년 넘게 가문의 비밀로 간직하였다. 산과겸자는 18세기 이후 널리 보급되어 산부인과를 대표하는 기기가 되었다.(김옥주, 최은경, 이태준 2018: 82)

애블링(J. H. Aveling)에 따르면, 체임벌린 가문에서 100년 넘게 가문의 비밀로 간직된 산과겸자를 발명한 것은 피터 체임벌린 형제 중 연장자 쪽이다.(Peter M. Dunn 1999: F232) 그러나 열두 살의 큰 나이 차가 있는 형제 두 사람이 모두 외과의였던 아버지의 직업을 따라 이발소 외과의가 되고 조산사 의사로 잘 알려진 점, 두 사람이 옮겨야 할 정도의, 적어도 다섯 쌍의 산과 겸자가 담긴 큰 나무상자를 분만하는 여성의 집에 옮겨 문을 잠그고 여성에게는 눈가리개를 씌워 분만을 진행할 정도로 비밀을 엄수했던 점 등을 고려할 때, 최초 발명 여부를 떠나 형제가 함께 개량, 발전시키면서 기기를 공유했을 가능성이 높다. 연장자인 피터의 생존연대가 1560-1631년, 동생 피터의 생존연대는 1572-1626년임을 고려하면, 산과겸자는 빠르면 16세기 말 늦어도 17세기 초부터 체임벌린 가문에 의해 분만 현장에서 비밀스럽게 활용되었을 것이다. 이는 종래 산파나 조산사가 축적된 지식과 경험에 기반한 그들만의 지혜를 통해 난산을 해결했던 방식과는 분명 다르다. 산과겸자는 해당 시기 출산 관리에서 대단히 중요한 기술적 진보를 대표한 기기였기 때문이다.

Davis's common obstetrical forceps ⓒ Wikimedia Commons

　산과겸자는 20세기에 걸쳐 가장 많이 사용된 산과기기였다. 그것은 태아의 머리를 견인하거나 또는 회전시킬 수 있도록 고안되었고, 인위적으로 태아를 모체로부터 밖으로 끌어낼 수 있도록 해주었기 때문에, 분만 시기가 지나 유산하는 등의 경우에 태아를 강제로 모체 바깥으로 꺼내는 데 매우 유용했다. 겸자날 적용 시 태아머리의 산도 위치에 따라 하위 겸자분만, 중위 겸자분만, 고위 겸자분만 등으로 나뉘는데, 태아머리가 회음부 마루에 도달할 때 쓰는 하위 겸자분만을 많이 사용하였고, 고위 겸자분만은 거의 사용되지 않았다.(신규환 2009: 13)

　출산 2단계가 지연되거나 과도한 분만 출혈로 인한 산모의 탈진 등 정상적 질식 분만이 이루어지기 힘들 경우, 겸자분만이 이루어질 수 있다. 특히 출산 2단계 지연 속에서 태아의 심박수가 낮은 상태가 반복되거나 일정 정도 지속되는 태아곤란증(fetal distress), 제대탈출(umbilical cord prolapse)에 의한 허혈성 손상의 발생 차단 등을 위해 긴급하게 태아의 만출이 이루어

저야 하기 때문이다. 과거에는 산과겸자가 단순히 의료기기로서 순산을 도왔겠으나, 오늘날 의학에서는 이를 수술적 질식 분만이라 지칭하며 긴급 제왕절개를 요하는 상황이다. 미국의 종합병원에서는 이러한 상황이 닥칠 때, 담당의를 기다리지 않고 가장 가까이 있는 산부인과(OBGY) 의사나 신생아 중환자실(NICU) 의사가 먼저 태아를 분만시켜야 한다. 수술적 질식 분만에는 겸자분만 외에도, 진공흡입만출기(vacuum extractor; ventouse)에 의한 흡인분만이 있다.

최초의 진공흡입만출기는 위에서도 언급했던, 클로로포름을 사용한 마취 분만의 선구자인 심슨이 1849년 부드러운 고무 컵에 금속 주사기로 구성된 Air Tractor로 디자인했다. 그러나 대중화된 진공흡인만출기는 1950년대 스웨덴의 타게 말름스트롬(Tage Malmström, 1911-1995) 교수가 개발한 금속 캡의 제품이었다.

진공흡입만출기는 1960년대부터 여러 병원에서 사용되었는데, 사용이 편리할 뿐만 아니라 겸자가 줄 수 있는 장기손상을 최소화할 수 있다는 점에서 각광을 받았다. 그러나 1990년대 이후 겸자나 진공흡입만출기의 사용은 초음파기기의 사용과 제왕절개 시술에 의해 빠르게 대체되었다. 제왕절개 시술이 태아에게 가해질 수 있는 손상과 위험을 미연에 방지했기 때문이다.(신규환 2009: 13)

겸자분만과 흡인분만은 태아의 만출 과정에서 일반적으로 발생되는 모체의 골반에 의한 압력 외에 추가적인 기계적 압박과 견인의 역학이 작용한다. 수술적 분만법에 따른 결과에 대한 메타분석과 대규모의 비교 조사

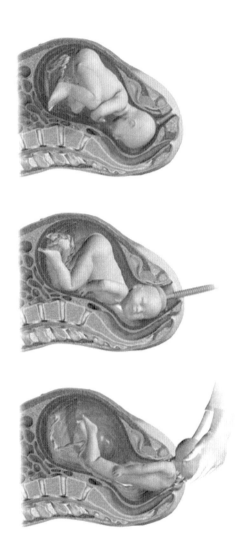

Vacuum assisted Delivery ⓒ Wikimedia Commons

에서는 두혈종, 망막 출혈, 견갑 난산은 흡입분만에서 발생빈도가 높았으며, 두피 손상과 안면 손상은 겸자분만에서 더 많이 발생하는 것으로 보고되고 있다. 특히 모상건막과 두개골막(pericranium) 사이 연조직으로의 출혈인 모상 건막하출혈(subgaleal hemorrhage)은 겸자분만과 흡입분만 시에 발생이 증가하며 대량출혈이 일어날 가능성이 있고 이로 인한 사망률이 25%에 달한다. 출혈 속도가 느리며 대개 48시간 이내에 증상이 나타나지만 수일이 경과된 후에 무호흡, 경련, 국소 신경 결함, 기면 또는 빈혈이나 황달을 동반한 외압증가 소견이 서서히 나타나기도 한다.(유재은 2008: 11)

출산 트라우마와 출산권

제8차 한국표준질병·사인분류 대분류 중 〈ⅩⅥ. 출생전후기에 기원한 특정 병태〉의 중분류 가운데 〈출산외상(Birth trauma)〉이 있다. 다시 그 소분류는 출산손상으로 인한 두개내 열상 및 출혈(Intracranial laceration and haemorrhage due to birth injury), 중추신경계통에 대한 기타 출산손상(Other birth injuries to central nervous system), 두피의 출산손상(Birth injury to scalp), 골격의 출산손상(Birth injury to skeleton), 말초 신경계통의 출산손상(Birth injury to peripheral nervous system), 기타 출산손상(Other birth injuries)으로 나뉜다.

'외상(trauma)'은 두 가지 의미가 있다. 첫 번째는 위의 '출산외상'의 '외상'처럼 의학에서 '신체적 손상(physical injury)'을 가리킨다. 두 번째는 극도로 괴

로웠던 경험에 의해 야기된 극심하고 지속적인 정서적 충격과 통증 또는 그러한 충격이 발생한 경우를 가리킨다. 이를 심적외상(psychological trauma; 心的外傷)이라 하며 외상 후 스트레스 장애(posttraumatic stress disorder, PTSD)라는 정신질환을 일으키는 원인으로 작용하기도 한다.

국내 질병분류에서 출산외상은 태아의 신체적 손상만을 가리킨다. 산모의 진통 및 분만의 합병증이나 산후기에 관련된 합병증은 대분류 중 〈ⅩⅤ. 임신, 출산 및 산후기〉의 하위에 위치한다. 또한 산모의 산후기 정신 및 행동 장애는 대분류 중 〈Ⅴ. 정신 및 행동 장애〉 하위 중분류 중 〈생리적 장애 및 신체적 요인들과 수반된 행동증후군〉에 식사장애, 비기질성 수면장애, 기질성 장애나 질병에 의하지 않은 성기능장애, 달리 분류된 장애나 질환에 연관된 심리적 요인 및 행동적 요인, 비의존성 물질의 남용, 생리적 장애 및 신체적 요인과 연관된 상세불명의 행동증후군과 함께 〈달리 분류되지 않은 산후기의 정신 및 행동 장애〉로 위치하고 있으며, 주로 출산후 우울증, 분만후 우울증, 산후기 정신병 등이 해당한다. 이런 점에서 국내의 질병분류는 산모를 대상으로 출산외상의 문제를 다루기 어려운 한계가 있다.

Watson et al.(2021: 417)은 출산으로 인해 외상을 입은 여성들이 지속적인 심리사회적 어려움에 직면하고 일부는 외상 후 스트레스 장애를 경험하기도 하며, 출산외상의 두 가지 핵심 식별 위험 요인이 임신 합병증과 수술적 출산임은 이미 알려진 것임을 지적한다. 이러한 지적에 따르면, 출산외상은 태아의 신체적 손상에 국한되어서는 안 된다. 이에 태아의 신체적 손상을 가리키는 '출산외상'과 구분하기 위하여 산모의 심리적 손상은 '출산심적외상', 산모의 신체적 손상과 출산심적외상을 아울러서는 '출산 트라우마'라는 용어를 사용해 보자.

위에서 아리스토텔레스의 이해를 통해 행복한 출산이란 정의롭고 건강하게 바라던 자녀를 품에 안는 최선의 활동이 될 것임을 지적했다. 특히 질병에 주목하는 입장에서는 출산손상이라는 태아의 신체적 손상 없이 난산을 피해 순산을 성취하는 것을 건강한 출산의 목표로 삼을 수 있을 것이다. 질병과 더불어 정신질환까지를 아울러 주목하는 입장에서는 태아와 산모의 신체적 손상과 함께 산모의 심적외상도 없이 난산을 피해 순산을 성취하는 것을 건강한 출산의 목표로 삼을 수 있을 것이다. 후자와 같다면, 건강하게 바라던 자녀를 품에 안는 활동이 될 것이다. 그렇다면 행복한 출산과 관련하여 정의의 속성은 어떻게 확보할 수 있을까? 그리고 그 확보를 위한 의료의 역할은 무엇일까?

현대 의료윤리학의 아버지로 불리며 현대 의철학의 선구자 가운데 한 사람으로 칭해지는 펠레그리노(Edmund D. Pellegrino; 1920-2013)는 1979년에 다음과 같은 유명한 선언을 한 바 있다; "의학은 가장 인도적 과학이며 가장 경험적 기예이고 가장 과학적 인문학입니다(Medicine is the most humane of sciences, the most empiric of arts, and the most scientific of humanities)." 그는 의학이 과학에 방점을 두는 '인간 과학'이 아닌 '인간에 대한 과학(science of the human)'으로서 인문학적 특성을 갖추고 있음을 강조한다. 인도적 과학이자 과학적 인문학으로서의 의학을 고려할 때, 우리는 앞선 질문에 대해 산모의 자율성과 자기결정권을 존중하는 출산권 보호를 통해 정의롭고 건강하게 바라던 자녀를 품에 안는 최선의 활동 성취로서 행복한 출산을 제시할 수 있으리라 생각한다.

여성의 기본 인권으로 보장되어야 하는 임신·출산권은 피임, 임신, 임신중단, 출산과 관련된 소극적·적극적 권리가 모두 포함되는 자기결정권이다. 여기에는 '원치 않는 임신을 회피할 수 있는 권리'인 피임권, '건강하게 임신하거나 임신을 유지'할 수 있는 임신권, '건강하게 출산할 권리'인 출산권과 '출산하지 않을 권리'로서 임신중단권이 포함되며, 이 모든 권리가 보장될 때 비로소 여성의 자기결정권으로서의 임신·출산권이 보장된다.(김채윤·김용화 2017: 110) 또한 출산권이란 여성 건강의 변화 및 위험성에 대한 각별한 주의 및 충분하고 안전한 의료서비스 하에 출산할 권리와 출산하지 않을 권리를 포함한다.(김채윤·김용화 2017: 118) 후자의 기술은 출산권에 대한 정의는 아니며, 출산권이 출산할 권리와 더불어 출산하지 않을 권리, 즉 임신중단권을 포함한다는 의미이다. 그러나 같은 단락의 언급을 고려하면, 논문의 저자들은 출산권을 건강하고 안전하게 출산을 선택한다는 의미로 이해하고 있다.

의료라는 배경 하에서 환자가 자신의 자율성을 발휘할 때 환자는 자신의 고유한 가치, 관심과 목표를 고려하면서 자신의 건강문제를 다루는 선택 중에서 어느 것이 자신에게 최선인지를 결정한다. 자기의 건강에 대하여 자율적인 선택을 하는 환자는 모든 것들을 고려해서 자기에게 최선의 것을 선택할 수 있다.(피터 싱어·헬가 커스 지음, 변순용·강미정·홍석영·조현아 옮김 2006: 445)

20세기 중후반 들어 생명의료윤리와 의료윤리의 영역에서 논의된 환자의 자율성 개념과 가치는 오늘날 널리 퍼져 수용되었다. 이에 출산 돌봄 이해관계자들은 임신과 출산 동안, 자신의 돌봄에 대해 자율적 결정을 내릴 수 있는 여성의 권리를 일관되게 지지한다. 그러나 출산 돌봄 제공자인 조산사와 의사들을 대상으로 산모인 여성의 자율성에 대한 응답을 분석한 Kruske et al. (2013: 5)의 연구 결과에 따르면, 여성은 그들이 받는 돌봄의 최종 결정권자인가에 대한 조산사와 의사들의 응답에 일관성이 없었다.

유수의 보건(healthcare) 웹사이트 가운데 한 곳으로 가치 있는 건강 정보 제공을 목표로 하는 WebMD의 소개에 따르면, 출산 트라우마는 출산 중에 발생하는 극심한 손상이며 정신이나 신체 건강에 심각하게 영향을 미친다. 여성의 33%가 트라우마적인 출산 경험 후 외상 후 스트레스 장애 증상이 발생한다. 또한 출산 트라우마의 원인은 긴급 제왕절개, 의료서비스 제공기관의 잘못된 처치, 존중 부족이나 산부인과 폭력, 신생아 중환자실 이송, 불충분한 통증 경감, 손상, 장시간 분만, 황급한 분만을 포함한다.(webmd.com/parenting/what-to-know-about-birth-rights) 이러한 내용은 '출산 트라우마'가 분만 과정과 직접적으로 관련되는 '출산외상'이나 '출산심적외상'의 범위를 넘어서고 있음을 보여준다.

2012년 설립된 〈긍정출산운동(Positive Birth Movement)〉의 설립자 밀리 힐(Milli Hill)은 2019년 8월 30일 영국 인디펜던트 온라인판에 게재된 〈Why we need to talk about #MeToo in the birth room〉이라는 제목의 칼럼에서 조지(Georgie)라는 여성의 경험을 통해 산모의 자율성과 자기결정권이 침해당하는 사례의 문제를 보여주었다. 조지는 조산사가 그녀에게 분만풀에서 나와 정기적인 질 검사를 받아야만 한다고 요청했을 때, 출산 1단계에 있었다. 조지는 '아니오'라고 말했다. 그녀는 검사를 할 필요가 있다고 생각하지 않았고 출산이 임박했다고 느꼈다. 조산사는 재차 요청했고, 조지가 다시 한번 사양했을 때, 조산사는 돌아서서 조지의 남편에게 그녀가 따라야 할 필요가 있다는 인상을 주도록 재촉했다. 이제 남편이 조산사와 하나 되어 물 바깥으로 나와야 한다는 거듭된 요청에, 조지는 침묵했다. 그녀는 진통 중에 검사를 받았고, 양수가 강력히 터졌다. 그녀는 이것이 믿기 힘들 정도로 고통스러웠고, 조산사에게 그만하라고 요청했다. 그러나 조산사는 멈추지 않았다. 검사 후 곧 아기는 태어났다. 서류상 좋은 출산이었다. 모두 건강하고 좋았다. 적어도 신체적으로는 말이다. 그러나 몇 주 후에, 정서적이고 심리적 수준에서 조지에게는 풀어내야 할 것들이 많았다. 그녀는 자신의 몸이 완전히 유린당했다고 느꼈을 뿐만 아니라, 사랑하는 남편 또한 부지불식간에 이 행위에 공모하게 되었다는 것을 느꼈다.

조지라는 여성의 경험담은 그녀가 트라우마적 출산을 경험했고, 출산 몇 주 후에 출산 트라우마에 고통받고 있었음을 보여준다. 그리고 그녀의 트라우마적 출산의 경험 속에서 침해당하고 발휘되지 못한 것은 자율성과 자기결정권이었음이 분명하다.

산모의 자율성과 자기결정권이 존중되지 못함으로써 트라우마적 출산을 경험하게 만들고, 결국 출산 트라우마로 고통받게 되었다는 점에 주목하자. 산모의 자율성과 자기결정권의 존중과 발휘는 정의로운 출산을 성취하게 하는 한 요소이자, 건강한 출산을 성취하는 기본 요소이기도 하다. 산모의 자율성과 자기결정권의 존중과 발휘를 위해 의료는 충분한 정보를 제공하여 산모의 이해를 도와야 한다.

건강한 출산은 정의로운 출산과 분리하기 어렵다. 출산 트라우마 개념과 출산권 개념에 대한 재고는 산모를 행복한 출산으로 이끄는 데 일익을 담당할 수 있을 것이다.

조산사는 어떤 기구와 약제를
사용했나?
나아가, 사용하고자 하였나?

박윤재(경희대 사학과 교수)

박윤재__ 경희대학교 사학과 교수. 경희대학교 인문학연구원 HK+통합의료인문학연구단 단장. 연세대학교 사학과에서 학사, 석사, 박사학위를 받았다. 저서로『한국 근대의학의 기원』(혜안, 2005),『한국현대의료사』(들녘, 2021), 공저로『사람을 구하는 집, 제중원』(사이언스북스, 2010),『제중원 세브란스 이야기』(역사공간, 2015)가 있다.

조산사는 왜 소멸되고 있는가?

코로나19가 확산되고 그 방어를 위한 의료의 역할이 강화되면서 사회의 의료화라는 다소 오래된 경구가 다시 회자되고 있다. 정체를 알 수 없는 역병 발생에 사회 전체가 의료의 손 안에 놓이는 상황이 벌어지고 있기 때문이다. 사회 전체가 질병관리청장의 입만 바라보는, 그의 결정만 기다리는 사태가 전개되는 것이다. 아파서 의료를 찾는 것이야 당연하지만, 아프지 않은데도 우리는 역병을 막기 위해 의료의 도움을 받고 있다. 그 도움의 끝이 어디일지는 아직 알 수 없다.

역병의 창궐에 따라 의료의 관할 범위가 넓어졌고, 그 확장이 우리의 건강과 생명 보호를 위해 당연한 것으로 간주되면서 그동안 운위되던 '자신의 몸은 자신이 관리한다'는 지향은 약화되고 있는 것 같다. 하지만 백신과 치료제의 개발로 코로나19가 주던 위협이 약화되고 있고, 설령 새로운 감염병이 발생하더라도 만성질환 위주로 바뀌는 질병 패턴은 역전될 것 같지 않다. 그렇다면, 자신의 몸을 주체적으로 관리하자는 지향 역시 다시 살아날 수밖에 없다.

주체적인 몸 관리를 이야기할 때 자주 언급되는 주제가 출산이다. 사회의 의료화와 함께 여성들이 자연스럽게 출산의 장소로 병원을 선택하면서 나타난 결과이다. 비판자에 따르면, 출산은 병이 아닌 몸의 정상적인 신진대사이고, 임산부는 환자가 아니다. 하지만 한국에서 병원 출산의 비율은 거의 100%에 가깝다. 병원이 원론적인 차원에서 병을 고치는 곳이라면 출산은, 현상적으로 보자면, 치료해야 할 병이 된 것이다. 이 상황을 극복하기 위한 여러 방법 중에 하나로 주목받은 의료인이 조산사였다.

　조산사란 전통시대에 존재하지 않았던 직업이다. 일제의 침략이 진행되면서 산파라는 이름으로 자리잡았고, 해방 후 조산원을 거쳐 현재 조산사라는 이름을 얻었다. 조산이라는 말이 상징하듯이 조산사란 출산을 도와주는 사람이다. 원론적인 차원에서 이야기하면, 출산에 인공적으로 개입하기보다 자연적인 출산을 도와주는 의료인이다. 이상분만을 산부인과 의사가 맡는다면, 정상분만은 조산사가 맡는다는 역할 분담도 이론적으로 가능하다. 하지만 현실은 달랐다. 현재 한국에서 조산사는 소멸하는, 아니, 이미 소멸한 직업이다.

　조산사의 소멸과 관련하여 이 글은 조산사가 사용한 의료기구와 약제에 주목하고자 한다. 조산사의 위상이 약화된 원인 중 하나가 거기에 있다고 판단했기 때문이다. 산부인과 의사들이 새롭게 개발된 의료기구와 약제를 사용하며 출산에서 관할 범위를 넓혀나갔다면, 조산사들은 그렇지 못했다. 태아의 상태를 살펴볼 수 있는 초음파 기기가 대표적이다. 조산사의 초음파 기기 사용이 금지되면서 조산사들은 산전 진단에서 산부인과 의사들을 따라잡을 수 없었다.

하지만 이 글이 조산사 소멸의 원인을 밝히는데만 목적을 두고 있는 것은 아니다. 이 글에서 사용한 자료는 2008년 필자가 다른 동료들과 함께 진행한 원로 조산사 구술 자료이다. 당시 구술에 참여한 조산사들은 대체로 1920~1930년대 출생한, 당시 70~80대였고, 대체로 1950~1980년대에 집중적으로 조산원을 개설하고 활동하였다. 그 구술에서 원로 조산사들은 자신의 경험을 진솔하게 이야기해 주었고, 그 경험은 1950~1980년대 한국 사회에 접근하는 렌즈의 역할을 해 주었다. 즉, 이 글은 조산사의 구술을 통해 과거 한국 사회를 복원하는 데도 목적이 있다.

자연분만을 선호하는 조산사

조산사들은 자신이 특별한 기구나 약제의 도움 없이 자연스럽게 아이를 받았다는 사실을 자랑하고는 했다. 인공적인 개입 없이 순수한 손기술로 난산을 해결했다고 자랑하는 경우가 많았다. 일반적으로 난산으로 생각되는 경우, 즉 다리가 먼저 나오는 경우도 조산사들은 문제가 되지 않았다고 회고했다.

거꾸로는 오히려 몸이 나온 거보다 쉬워요. 무릎이 나오면 손 집어 넣어 가지고 다리 펴고 그 다음에 손을 넣어서 다른 한 쪽 다리 찾아서 두 다리만

쥐면 술술 배까지 쉽게 나오거든요. 그 다음에 돌려가지고 손 끄집어 내고 턱 밑으로 손 넣어가지고 턱 잡으면서 '엄마 힘주세요' 하면 그냥 쑥 나와요. 아주 쉬워요. 그런데 요새는 거꾸로 있으면 무조건 제왕절개 시키잖아요.

비교되는 대상은 산부인과 의사였다. 물론 조산사 대부분은 의사들에 대해 호의적인 평가를 내렸다. 하지만, 자신의 장점을 내세우는 방법 중 하나는 상대와 비교하는 것이다. 출산도 예외가 될 수 없었다.

의사한테 갔더니 자궁수축제 같은 걸 놓았나 봐요. 아이가 나오면서 자궁이 다 나갔어요. 아침 9시에 낳았는데 피주사를 열 몇 병을 맞고 오후에 깨어났다고 그래요.

조산사는 이런 의사와 비교하여 자신은 자연분만을 진행했다고 회고했다. "자연분만 하니까 아주 쏙 빠졌어요. 자궁도 괜찮고 출혈도 없고 깨끗이 빠졌어요." 그 결과는 경쟁자인 의사들의 질시였다. 산모가 수술을 무서워 자신의 조산원으로 왔고, 자신은 아무것도 모른 채 출산을 도와주었는데, 나중에 그 병원에서 그 사실을 알고 "의사들이 조금 미워하더라"는 것이다.

하지만, 난산은 문제

그러나 자연분만이 늘 가능한 것은 아니었다. 조산사들이 손을 대지 못하는 경우가 있었다. 대표적인 예는 횡위, 즉 아이의 팔이 먼저 나오는 경우였다. "팔 먼저 나오면 저희는 못해요. 팔 나오면 무조건 수건으로 싸가지고 '병원 갑시다' 그래요. 제왕절개 해야 돼요." 잘못해서 의료사고가 날 수 있었기 때문이다. "애기한테 무리 가고, 엄마한테 무리 가는 걸 왜 합니까? 병원이 있는데. 절대로 그거 안 받았어요."

하지만 난산도 가능한 해결하려 애썼다는 조산사도 있었다. 이유는 솔직했다. "병원에 환자 뺏기니까. 병원에 안 줄라고." 난산이라 해서 임산부를 의사에게 보내면 그 임산부는 다시 자신에게 오지 않기 때문이라는 것이다. 상업적인 이유에서 난산을 스스로 처리했다는 이야기이다. 위험한 생각일 수 있지만, 생계를 유지해야 하는 조산사의 입장에서 현실적인 선택일 수도 있었다.

그러나 경제적인 이유가 난산을 처리한 유일한 이유일 수는 없었다. 조산사들은 난산에 부딪힌 임산부를 그냥 놓고 떠날 수 없었던 상황을 이야기한다. 우선 정상과 이상 분만 사이에 거리가 그리 멀지 않았다. "이상과 정상은 엄청난 차이가 있는 것이 아니라 그게 그거예요. 준비하는 동안에 양수가 터졌는데 손이 쑥 나오더라고요. 그런데 내가 이상분만이라고 해서 처치하지 않고 갈 수 있습니까?" 난산은 의사의 영역이라 해도 상황상 어쩔 수 없었다는 이야기이다. "사람을 살려줘야 되니까. 위법행위를 안 할 수가 없어요."

다음으로 의사가 부족했던 과거 상황에 대한 이해가 필요하다. "난산이라고 해도 의사 부를 줄을 몰랐으니까. 의사가 있지도 않았고. 그냥 처리하는 거야. 그냥. 무엇이 닥치든지." 교통도 불편했다. 지금과 같이 KTX를 타면 지방에서 서울까지 2시간 안팎으로 도착할 수 있는 시대가 아니었다. 지금은 서울과 지하철로 연결된 동두천도 당시에는 아주 먼 곳이었다. "의사 중에 누가 동두천까지 갑니까? 안 가죠." 먼 거리일 경우 가는 동안 임산부나 아이가 잘못 될 수 있었다. "가는 데 시간 걸리잖아요. 가는 동안에 애기 죽고, 엄마도 위험하고. 그러면 할 수 없이 애기를 빼야지."

설령 근처에 의사가 있다 해도 비용이 문제였다. 1976년까지 한국에는 의료보험제도가 없었다. 전국민의료보험제도가 확립된 시기는 1989년이다. 구술에 참여한 조산사들은 경제적으로 빈약한 임산부들을 만날 수밖에 없었다. 자신이 감당할 수 없어 병원에 가라고 해도 임산부들은 그럴 수 없었다. "큰 병원으로 가래도 돈이 무서워서 안 가고 물고 늘어지는 사람도 있었어요."

다행히 조산사들은 이상분만을 처리하는 방법을 교육을 통해 알고 있었다. 예를 들면, 아심음, 즉 아기 심장 박동소리를 듣고 아이의 이상 상태를 파악하는 방법을 배웠다. "교과서가 지금 생각해도 잘 되어 있었다고 생각해요." 교육과정에서 반복 습득을 했다고 회고하는 조산사도 있었다. "옛날에 그것만 매일 가르쳤으니까. 그것만 배우니까 잘해요. 실수한 적 없어요." 공식적인 교육과정에서 이상분만을 어떻게 처리해야 하는지 배웠고,

따라서 조산사들은 상황에 따라 난산을 스스로 해결해 나가고 있었다.

무엇을 가지고 다녔나?

자신의 조산소를 갖기 전 조산사들은 임산부가 사는 집으로 직접 방문을 해서 출산을 도왔다. 이때 가지고 가는 것이 왕진가방이었다. 안에는 여러 기구와 약제가 들어 있었다. 예를 들면 소독장갑, 소독포, 소독제, 가위, 카테터(catheter), 겸자, 주사, 관장기 등이었다. 카테터는 아이 기관지에 남은 이물질을 빼내는 데 사용된 기구였다. 겸자는 아래서 설명한다.

조산사들은 소독을 강조하였다. 조산사들이 일반인과 차이를 보이는 지점 중 하나는 위생과 청결에 대한 엄격함이었다. 구술을 하는 과정에서 소독에 대해 여러 차례 언급하였다. "소독에 관련해서는 철저하게 하지." 소독약으로는 크레졸(cresol)을 사용하였다. "옛날에 크레졸밖에 더 있었어요? 크레졸 받아서 대야에다 물 넣고 거기다 손 씻고 장갑 끼고. 그렇게 소독한 장갑 끼고 애기 받고."

당연히 소독한 대상은 장갑뿐이 아니었다. 소독포도 대상이었다. "옛날에는 소독을 찜통에 했어, 알루미늄으로 된 들통. 소독포를 거기다 넣어가지고 쪄. 그리고 펼쳐놓으면 된다고." 여기서 이야기하는 소독포는 분만할 때 임산부를 눕히는 자리에 펼쳐 사용했다. 임산부의 집이 청결하지 못한 경우 소독포는 임산부와 막 태어난 아이를 위생적으로 보호하는 중요한 도구였다. 스스로 위안도 했다. "가정집에서 포 깔아 놓고 분만을 하는 것이 원시시대보다는 나은 거죠." 불결한 가정집이 여전히 남아 있는 환경에서 소독포나마 사용하여 출산을 한데 대해 스스로 위안을 삼고 있었던 것이다.

소독된 수건으로 의료적 처치를 한 조산사도 있었다. "120℃에 소독한 가제를 가지고 다녀요. 그 수건으로 태반을 훑어내면, 태반이 톡 톡 톡 하고 붙어 있던 게 떨어져요. 뜯으면 안 되요. 뜯으면 출혈 되고 죽잖아요. 훑어야 돼요." 산부가 피를 많이 흘릴 경우 태반이 안 나와서 그럴 수 있고, 이 경우 태반을 훑어내서 출혈을 막았다는 이야기다. 그때 사용한 도구가 소독한 가제 수건이었다.

의료기구는 의료상에서 구입하였다. "의료기기상에 가면 있죠." 사실 조산활동을 하는 데 많은 의료기구가 필요했던 것은 아니다. "복잡할 거 없어요. 산파 개업하는 데 뭐가 필요해요?" 나중에 이야기할 배큠도 의료기기상에서 구입할 수 있었다.

유엔 산하의 유니세프(UNICEF)에서 조산 활동에 필요한 기구를 담아 일체형 가방으로 주기도 하였다. 조산사들이 자주 언급했던 유니세프 가방이다. "알루미늄으로 된 통 하나를 줬어요. 비닐포도 있고, 애기 체중계도 있고, 제대가위도 있고. 다 소독되게끔 해놓았어요." 편리한 가방이었다. 더구나 무료였다. 다만, 그 가방을 받기 위해서는 교육을 받아야 했다. "교육만 받으면 무료로 줬어요. 조산협회 같은 곳에서 교육을 받으면 줬어요."

논란의 대상인 겸자

법적으로 조산사는 의료기구를 사용할 수 없었다. 대한민국 의료법의 기원을 이루는 1951년 국민의료법은 조산원이 "의사의 지시가 없이는 위생상 위해를 생(生)할 우려가 있는 행위 혹은 진료기계를 사용하거나 의료약품을 투여 또는 의약품에 대한 지시를 하지 못한다"고 규정하였다. 예외는 있었다. "제대를 절단하거나 관장을 행하는 등 그 업무에 부수되는 처치에 관하여는 예외"로 했다. 나아가 "조산원은 임산부, 욕부(褥婦), 태아 또는 신생아에 이상이 있다고 인정할 때에는 의사의 진료를 청하여야 한다"고 규정하였다. 탯줄을 절단하거나 출산을 위한 사전 작업이라 할 수 있는 관장은 의료적 개입이라 하기 힘들었다. 고도의 전문 지식이나 기술이 필요한 일이 아니었기 때문이다.

조산사가 기구 사용을 통해 의료적 개입을 할 수 없다는 법적 규정은 식민지 시기까지 거슬러 올라간다. 조산사에 대한 최초의 법규정이라고 할 수 있는 1914년 산파규칙은 "임부, 산부, 욕부 또는 태아, 생아(生兒)에 이상이 있을 때는 의사의 진단을 청해야 한다. 스스로 그 처치를 할 수 없다. 다만 임시 구급일 때는 이런 제한이 없다"고 규정하였다. 임시 구급인 경우를 제외하면 이상분만에 대해 조산사들이 할 수 있는 영역은 없었다. 즉, 조산사는 제도가 성립되는 당초부터 기구 사용을 통한 의료적 개입을 하기 힘들었다.

조산사 중에는 의료기구 사용에 대해 강한 경계심을 표시하는 경우가 있었다. "기계는 일도 없어. 기계는 안 써요. 기계 쓰다 걸리면 큰일 나죠." 의료법에서 기구 사용을 금지했기 때문에 경계심은 더욱 강할 수밖에 없었다. 하지만 그 조산사도 사용했던 의료기구가 있다. 가래 빼내는 카테터, 비슷한 용도로 사용되는 석션(suction), 그리고 바늘 등이었다. 나아가 혈관의 출혈을 막는 기구도 사용하였다. 응급 상황 때문이었다. "혈관이 쭉 찢어진다든가 해서 혈관 출혈하면 큰일 나잖아요." 이럴 때면 조산사는 위법임을 알면서도 의료 행위를 했다.

나아가 겸자를 사용하였다. 겸자란 무엇인가 집어 올릴 때 사용하는 기구인데, 출산할 때는 태아의 머리를 잡는 데 사용하였다. 법적으로 금지되었지만, 위급한 상황이라면 사용은 불가피했다. 아이를 낳다가 거의 "죽어가는 사람을 데리고 왔는데 내가 어떻게 안 도울 겁니까?" 그런 상황에 맞춤한 기구가 겸자였다. "아이가 죽었을 때는 끄집어 내주고, 아기가 살아 머리가 다 보이면 살짝 건드려 나오게 하고. 누가 고발해서 경찰서에 들어갈망정 생명은 살리고 봐야지. 그래서 겸자를 가지고 다녔어요." 자신의 기술을 자랑하는 조산사도 있었다. "옛날에는 겸자를 많이 썼어요. 내가 겸자를 얼마나 잘 썼는데."

겸자는 위험한 상황을 피하기 위해 사용되었지만 거꾸로 상황을 악화시키기도 하였다. 태아에게 해로울 수 있었다. 겸자를 사용할 때 "의사들도 잘못 집으면 눈도 집을 수 있어요." 산모에게도 피해를 줄 수 있었다. "겸자 분만, 손도 안 댔어. 그건 안 했어요. 절대로. 잘못하면 질벽이 다 나가요. 의사가 잘못 써가지고 질벽 다 나가는 걸 봤어요." 겸자를 잘 사용했다는 조산사도 위험성을 알고 있었다. "자궁 파열 많이 시킨다고."

따라서 조산사들은 자신이 감당할 수 있는 범위 내에서 기구를 사용하였다. 범위를 넘어선다고 판단하면 의사에게 넘겼다. "내가 할 수 있다면, 어느 정도 도움을 줄 수 있다면 사용하는 거지. 그렇지 않으면 수술 시키러 병원에 보내는 거야." 임산부에게 선택권을 넘기기도 하였다. 위험한 상황에 이르면 산부인과에 가서 수술을 할지, 겸자를 사용해서 아이를 받을지 산모가 선택하게 하였다는 것이다.

처음부터 산모를 의사에게 보내 제왕절개를 하도록 하는 경우도 있었다. 산모와 아이에게 위험할 수 있었고, 위법인 점이 마음에 걸렸기 때문이다.

> (태아가) 안 나오면 진입이 됐는지 안 됐는지 모르니까. 진입 안 된 상태에서 겸자를 쓰면 애기가 상하기 쉽잖아요. 그렇다면 제왕절개 하는 게 낫겠어요? 위험스런 겸자 쓰는 게 낫겠어요? 도구 사용했다가 애기가 이상이 있어 신고를 당하면, 그렇게 되면 살인죄로 몰려요. 그럼 안 되죠.

비슷한 이야기는 조산사들에게 반복되어 나타났다. 겸자를 사용하느니 "제왕절개 해야지. 저희들은 그거 못 써요. 큰일 나죠"라고 말한 조산사, 겸자를 사용할 정도면 "병원 보내야지, 내가 어떻게 할 도리 없지"라고 말한 조산사가 그 예이다.

겸자 다음에 배큠을 사용하였다. 진공 흡착기인 배큠은 겸자에 비해 위험도가 낮았다. "배큠은 피부를 잡잖아요. 뼈는 하나도 안 건드리잖아요." 위험도가 낮은 만큼 조산사들에게 환영을 받았다.

초창기 때 일본의 '아사히(朝日) 기구상'이 유명했어요. (일본) 가는 분이 있어서 의료기상에다 부탁을 했었어요. 배큠컵, 딱 붙이는 거 있잖습니까? 그거 갖다 놓으면 너무너무 좋으니까 그 컵을 꼭 구해 달라 그랬어요. 비싸도 좋으니까 사겠다, 암만 비싸도 사겠다, 배큠컵을.

조산사들은 겸자로 상징되는 의료기구가 위법이라는 점, 위험할 수 있다는 점을 알고 있었다. 하지만 그런 기구들을 사용할 수밖에 없는 상황도 나타났다. 좀 더 개량된 기구를 갖고 싶다는 욕심도 따라서 생길 수밖에 없었다.

문제의 초음파

의료기구는 발달하고 있었고, 안전하고 편리한 조산을 위해 새로운 의료기구를 활용하려는 조산사들의 의지도 따라서 발달하고 있었다. 조산사들이 사용한 초보적인 진단기구는 청진기였다.

그때는 산모도 전부 촉진(觸診)하고, 그냥 청진기 대고 청진하고. 그때는 (요

즘 쓰는) 청진기가 아니고 트라우베라고 있었어요, 나팔 같이 생긴. 또 골반 측
정기로 측정하고. 줄자 가지고 배 길이(둘레)를 재고, 선골(仙骨)에서 치골(恥骨)
까지 사이도 전부 자로 쟀었어요, 골반 측정기로 다 재고. 트라우베 가지고
하다가, 그다음에 도플러 있잖아요, 도플러 청진기. 그것까지 하고 그다음
에 우린 막 내린(은퇴한) 거에요. 그러니까 우리는 소너 같은 것은 못 사용해보
고 끝난 거에요.

트라우베(traube)는 여러 조산사가 이야기한 필수품이었다. 진단을 할
수 있는 기구였기 때문이다. "트라우베라고 나무로 된 것, 대나무로 된 것.
위가 조그맣고 밑이 큰 것. 기다란 것. 그것만 가지고 다녔어요." 도플러
(doppler)는 트라우베보다 개량된 청진기였다. 이전의 청진기가 대상체에
서 생성되는 소리를 증폭시키는 기능을 한다면, 도플러는 몸에 음파를 보
내고 다시 튀는 주파수를 듣는 방식을 취했다. 특히 초음파를 사람이 들을
수 있는 소리 신호로 바꿔주었다. 주변에 존재하는 대부분의 소음을 듣지
않을 수 있다는 장점도 있었다.
위의 조산사가 마지막으로 이야기한 소너는 초음파 기기(ultrasonics)를 말
한다. 초음파 기기는 산부인과 진료에서 혁명적인 변화를 가져온 기술로
평가받는 것이었다. 초음파 기기를 사용할 경우 고위험의 태아를 신속하
게 판단할 수 있어 태아와 신생아 사망률을 급격하게 줄일 수 있었다.
조산사 중에는 자신들이 가진 감각으로 초음파에 못지않은 진단을 할
수 있다고 말하는 경우도 있었다. "초음파가 옛날엔 없었잖아요? (그렇지만)

만져보면 다 알아요." 조산사들은 아이가 태내에 가로로 있는지, 거꾸로 있는지, 쌍둥인지 아닌지, 모두 만져보면 다 알 수 있다고 말했다. 아이가 어떻게 엄마 몸에 들어가 있는지는 중요했다. 머리가 아니라 손이나 다리가 먼저 나오면 문제가 될 수 있었기 때문이다.

하지만 산전 진단이 중요한 이유는 아이의 위치를 파악하는데 머무르지 않았다. 산모와 태아에게 더 위험한 경우가 있었다.

> 측전 전치 태반인지, 완전 전치 태반인지, 모르잖아요? 그때 소녀가 있어요, 뭐가 있어? 그걸 모르고 있다가 별안간 출혈을 당하는 거죠. 출혈을 해야, 그때서야 우리는 (전치 태반인 줄을) 알지. 왜 출혈할까 하면, 그때서야 추정을 하잖아요? 완전 전치 태반이 되었다가 갑자기 분만이 시작되면 별안간 출혈하거든요.

안전한 출산을 준비하기 위해서는 발달된 도구를 활용할 필요가 있었다. 촉진으로 알 수 없는 위험은 많았다. 이때 초음파 기기는 뛰어난 효과를 발휘할 수 있었다. 산전관리 과정에서 고위험상태를 선별해 예방, 대처하면 실제로 출산이 생명을 위협하는 수준까지 가는 경우는 드물었다.

하지만 조산사들은 초음파 기기를 사용하지 못했다. 산전 진단이 부실해질 수 있었던 것이다. 예를 들면, 쌍둥이를 알아채지 못한 채 아이를 하나만 받고 돌아온 조산사가 있었다.

가보니 (임산부) 배가 불렀어. 쌍둥이인가 생각을 했어요. (임산부 남편) 말이 "무지 뚱뚱한데요, 아기 배고 부어서 그래요." 초음파만 있었으면 알았을 텐데 초음파 (기기) 가 있나요? 엄마가 금방 배 아파서 애가 후딱 나오고. 손 넣어 보니까 없는 거 같더라고요. 태반도 나오고, 다 해서. 태반만 안 나왔으면 쌍둥이인 줄 알고 기다렸겠지만, 태반도 나오고 하니까. '아기 엄마가 부어서 그렇구나' 하고 돌아왔는데, 한 시간 있다가 (다음 아이가 나왔어). 그 일이 잊히지 않아요.

그는 초음파 기기가 있었다면 실수를 하지 않았을 거라고 회고했다. 하지만 조산사들은 초음파 기기를 쓸 수 없었다. 사실은 청진기도 원칙적으로 쓸 수 없었다. "청진기도 못 쓰게 했거든요. 트라우베 청진기라고 그런 것도 못 쓰게 했어요." 여기서 청진기를 못 쓰게 한 사람들은 의사였다. 조산사들은 한편으로 의사들의 도움을 받으면서 조산활동을 진행하고 있었다. 교육을 산부인과에서 받은 조산사들이 많았다. 그들에게 의사는 은인이었다.

하지만 다른 한편으로 조산사들은 의사들의 견제를 받았다. 의료기구의 사용을 금지당한 것이다. 한 연구에 따르면, 조산사의 위상이 약화된 이유는 의사들의 견제에 있었다.

산부인과 학회 및 의사단체 그리고 병원협회는 국가에 조산원의 주사제 금지, 약 처방권 규제, 진공흡인 분만기 사용 금지, 초음파 기기 사용 불가 등의 규정을 요구하였고 이는 법으로 제정되었다. 이러한 규제는 조산사들의 응급 대처 능력을 저하시켰고 결국 의료시장에서 조산사의 경쟁력 상실로 이어졌다.

조산사 역시 의료기구를 사용하지 못한 것이 조산사 약화의 원인이라 파악했다. 초음파 기기가 대표적이었다.

> 소녀 같은 것이 새로 나오잖아요? 그래서 병원에서는 위치 진찰하잖아요? 그런데 우리에게는 그런 게 (새로운 의료기구) 주어지지가 않으니까 맨날 촉진이나 하고, 청진이나 하니까 우리가 자꾸 뒤떨어지는 거지. 지금 원하는 건 우리에게도 그런 교육을 시켜 주고, 또 분만을 위해서 생긴 모든 기구나 시설이 있다면 우리도 쓸 수 있도록 해줘야 되는 거에요.

초음파 기구는 실질적으로 조산사가 자신의 영역을 지키지 못하게 된 원인을 제공하였다. 임산부들이 조산소를 기피하는 원인을 제공했기 때문이다. "초음파 기기때문에 내가 산모를 다 놓쳤단 말이에요. 아무리 나한테 오고 싶어도 엄마들이 초음파 나오고 나서는 초음파에 호기심이 있어서 다 (산부인과에) 가는 거야." 호기심이라고 했지만 임산부 입장에서 산전 진찰을 하지 못하는 조산사들을 신뢰하기는 어려웠을 것이다. "산전 진찰을 놓치면 (조산소에) 안 오는 거야. 그러니까 조산원들이 다들 (환자를) 놓치는 거에요."

분만촉진제와 자궁수축제

조산사는 자신들이 인공적인 의료의 개입 없이 자연적인 분만을 도와준다는 데 자부심을 보이고는 했다. 따라서 약제를 적극적으로 사용한다고 이야기하지 않았다. "처음에는 약품도 별로 안 썼어요. 소독만 열심히 잘하면 한 번도 탈나고 곪고 그런 적이 없었어요." 의사와 차이를 부각시키는 데도 약제를 사용하지 않는다는 것은 장점으로 작용할 수 있었다. 원칙적으로 약제의 사용이 금지되기도 했다.

하지만, 그들 역시 조산 과정에서 여러 약제를 사용하고 있었다. 예를 들면, 항생제이다. 약제를 사용하지 않았다는 조산사도 항생제는 가지고 다녔다. "혹시 염증 생길까봐 하나씩 놔주고 하느라고 가지고 다니고 그랬지." 패혈증으로 상징되는 출산 후 염증은 산부인과의 오랜 고민이었다. 그 고민을 항생제가 해결해주었고, 따라서 조산사들도 만일의 사태를 방지하기 위해 가지고 다녔던 것이다.

소독약인 머큐롬과 함께 설파제로 '다이크로진'을 사용했다는 조산사도 있었다. 히드로클로로티아지드(hydrochlorothiazide) 성분인 다이크로진은 정제 형태로 유한양행에서 지금도 생산되고 있다. 부종이나 고혈압에 사용되는데, 출산 후 부종이 심한 경우 사용한 것 같다.

출산 과정에서는 분만촉진제를 사용하기도 했다. 조산사들은 촉진제에 대해 경계심을 가지고 있었다. 위험한 약물이었기 때문이다. "촉진제도 잘못 쓰다가는 큰일 나고." 하지만 필요한 경우가 있었다. 극단적인 경우이지만 세쌍둥이를 모두 사산한 산모가 있었다. 그 산모를 만났던 조산사는 그런 경우를 다시 만나고 싶지 않다고 했다. "우선 수축이 문제더라고. 그래서 촉진제를 놓고."

다른 이유도 있었다. 출산 과정에서 산모가 힘을 못 쓰는 경우였다. "힘을 못 쓸 때는 주사 피츄트린을 0.1 정도 놔줘요. 그렇게 놔주면 거의 다 힘 주고 낳고." 피츄트린(pituitrin)은 유한양행에서 생산하는 자궁수축제였다. 그 외에 피토신(pitocin)을 사용하였다. 차이는 피츄트린이 근육 주사인 반면 피토신은 정맥주사라는 점이다.

출산 후 자궁수축을 위해 약제를 사용하는 경우도 있었다. "옥시토신 5 유니트 근육주사 해야 됩니다. 자궁이 수축이 오기 시작하면 애가 빨리 나와요. 애기 낳고 나면 자궁을 수축시켜줘야 되거든. 그럴 때는 에르고트를 IM(근육주사)해줍니다. 이 두 가지만 하면 풀리지 않고 괜찮거든요. 정상분만 후에는 반드시 그걸 써야 된다."

옥시토신(oxytocin)이란 아기를 낳을 때 산모의 뇌하수체에서 분비되는 자궁 수축 호르몬이다. 에르고트(ergot)란 맥각이라고도 불리며 혈관을 수축시키는 작용을 한다. 자궁수축을 위해서도 사용된다. 이런 약품은 약국에서 구입할 수 있었다. "약국에서 피튜트린하고 에르고트하고, 자궁수축제만 산 것 같아요." "옥시토신, 그 수축제. 약국에서 사죠." 의약분업이 시작된 때가 2000년이다. 지금의 전문의약품도 그때까지는 어렵지 않게 구입할 수 있었다.

약품 사용이 제한되어 있던 만큼 지도의사의 도움을 받아 사용하기도 했다. 지도의사란 말 그대로 조산사를 지도하는 의사이다. 1973년 의료법이 개정되면서 만들어진 제도였다. 조산사들은 이상분만과 같이 자신의 관할 범위를 넘어서는 의료 조치가 필요할 때 지도의사에게 도움을 요청했다.

조산사들은 정맥주사의 경우 지도의사의 승인 아래 사용하였다. "IV(정맥주사) 정도는 오더를 받아 옵니다. 차트에 오더를 받아오고, 도장을 찍어오고, 싸인 받아오고 이랬어요. 만일 보건소에서 혹시 말할까봐." 지도의사의 승인이 없이 주사를 사용할 경우 보건소에서 문제를 삼을 수 있다는 이야기이다. 비슷한 맥락에서 주사 후 보고만 하는 경우도 있었다. "보고만 해요, 이름하고, 지도의사한테."

지도의사는 조산사들에게 보호막이기도 했다. 보건소에서 의료법을 위반했다는 이유로 돈을 뜯으려 하자 조산사는 이렇게 대응했다. "하나부터 열까지 지도의사들한테 보고하고 그렇게 하니까 그렇게 알라고." 지도의사는 조산사들이 자신의 의료행위와 관련하여 나중에 받을 수 있는 법적 추궁을 막아주는 방패이기도 했다.

지도의사가 분만촉진제를 추천하는 경우도 있었다. "촉진제, 무서워하기 때문에 거의 안 썼어요. 안 썼는데 뒤에 타브레트가 나왔어요. 질에다가 약간 넣어 주는 거. 그걸 우리 지도의사가 구해가지고. 작게 (사용)했지. 아주 약간 약간. 그냥 자극만 줄 정도로 그렇게 (사용)했어요." 분만촉진제가 태블릿, 즉 정제(錠劑) 형태로 생산되었고, 지도의사의 권유로 사용했다는 기억이다.

무서운 산후 출혈

출산 후 지혈을 위해 약품을 사용하는 경우도 있었다. 자궁수축을 위한 지혈제였다. "촉진제는 (사용) 안 하고, 애기 낳고 나서 수축제는 (사용) 했어요. 왜냐하면 출혈 같은 거 하면 (사용) 해야죠." 수축제를 사용할 수밖에 없었던 이유는 임산부에게 산후출혈이 위험했기 때문이다. "우리가 제일 겁내는 것이 출혈이에요. 산후 출혈." 과다 출혈로 인한 사고는 적지 않았다. "피가 모자라면 죽는 거지, 어떡해? 피가 다 빠지게 되면 나중에 아무리 넣어도 소용이 없어. 식물인간 돼 버려. 그런 사람들이 얼마나 많았는데."

당시 가정에서 가지고 있던 전통적인 인식도 문제를 악화시킬 수 있었다. 일종의 미신이었다.

> 옛날 어른들은 더러운 피는 나와야 된다고 생각하거든요. 할머니들은 더러운 피는 나와야 된대요. 피 나오면 나를 불러라, 꼭 불러라 해도, 아무리 설명해도, 출혈하면 그냥 뒀다가 나중에 (산모가) 하얗게 된 다음에 부르는 거에요. 그러면 손 쓸 수 없으니까 병원 모시고 가야죠.

출혈은 언제든지 발생할 수 있었기에 대비가 필요했다. 지혈제는 방법 중 하나였다. "그때는 도론보겐이라고 지혈제가 있었어, 일제로. 비타케이가 아니고 도론보겐이라고 일제가 나와서. 그게 그렇게 잘 들었어. 그래서 그걸 막 놓고, 우선 지혈이 돼야 되니까." 도론보겐은 식민지 시기부터 사용된 지혈제 주사였다. 비타케이는 비타민케이1주사액(피토나디온주사액)인 것 같다. 식품의약품안전처가 제공한 정보에 따르면, 유효성분으로 피토나디온(비타민K)을 포함하고 있고, 비타민K 결핍 또는 비타민K의 활성이상으로 인한 혈액응고질환에 사용된다. 비타민K는 출혈을 조절하는 단백질(응고 인자)의 합성과 정상 혈액 응고에 필요하다.

하지만 지혈제를 사용하지 않았다는 조산사도 있었다. "지혈제를 안 가지고 다녔어요." 대신 지도의사를 활용하였다. "자궁 출혈이 돼서 죽게 됐을 때, 심장이 서려고 할 때, (지도의사가) 0.3만 놓으라 그래요. 난 겁이 나서 못 놓고. 출혈 돼서 내가 연락하면 (지도의사가) 금세 뛰어와요." 과다출혈을 막기 위해 아드레날린이 사용되기도 했다. 역시, 조산사가 직접 사용하지는 않고, 지도의사에게 부탁을 해서 놓았다.

출혈을 막기 위해 일종의 소금물을 사용하기도 하였다. "피가 모자라게 되면 하혈이 된다고. 수축이 잘 안 돼. 플라스마라는 게 그때 있었어. 소금물이야, 말하자면. 중외(제약)에서 나오는. 그 소금물이라도 놔주게 되면 수축이 되더라고." 여기서 말하는 플라스마란 중외제약에서 나온 헤스플라즈마6%주인 것 같다. 지금도 다량 출혈에 따른 쇼크를 해결하는 데 사용한다. 중외제약이 제공하는 의약품 정보에 따르면 유효성분이 염화나트륨, 히드록시에칠전분200000이다. 염화나트륨이 들어갔으니 소금물이라 불러도 무방할 것이다.

다량으로 피를 흘릴 경우 임시방편으로 수혈을 하기도 했다. "내가 하트만을 가지고 다녔거든. 하트만이라고 커다란 링겔병에 (넣은) 대형 피가 있었어요. 중외제약에서 나온 거. 대형 피죠. 그거 들고 다녀야 돼요." 이 조산사가 사용한 하트만 용액은 지금도 중외제약에서 혈액대용제로 생산하고 있다. 다만 이 조산사는 수혈을 응급용으로 활용하였다. 지속적으로 피를 흘릴 경우 병원으로 옮겼다.

어두운 조산사의 미래

2008년 우리에게 자신의 경험을 이야기했던 원로 조산사들은 자신의 직업이 21세기에도 필요하다고 생각했다. "지금도 저희들이 생각할 적에 조산사라는 건 절대로 필요하다고 생각해요. 왜냐하면 안전(하게) 분만하고, 산모한테 따뜻한 손길을 주고, 안방에서 엄마 같은 손으로 해줄 수도 있는 거고."

하지만 현실은 조산사들의 바람과 다르게 흘러갔다. "지금 조산부들이 다 없어졌잖아요." 대한조산협회에 따르면, 2017년 기준 실제 활동 회원은 5백 명 정도이며, 개업한 조산원은 전국에 16곳이 있었다. 문제는 실제 활동하는 인원 대부분이 순수 조산사가 아닌 간호사들이라는 것이었다.

조산사가 약화된 이유는 여러 가지가 있을 것이다. 무엇보다 의료보험을 통해 임산부들이 쉽게 병원을 이용할 수 있게 되었다는 것, 근원적으로는 1990년대 이후 현저하게 강화되는 저출산 경향이 있을 것이다. 여기에 더해질 수 있는 요인이 기구와 약제의 사용이다. 조산사들은 새롭게 개발·

생산되는 기구와 약제를 원칙적으로 사용할 수 없었다.

원로 조산사들은 국가가 개입해야 한다고 주장하였다. "요즘 새로 나오는 모든 기기를 왜 조산원들한테만 제한을 두는 거예요? 잘 교육을 시켜서 말이죠, 사회에 나가서 활동을 하고, 국민을 위해서, 국민 보건을 위해서 활동하도록 국가가 밀어줘야죠." 원로 조산사들은 조산사의 유지, 나아가 성장을 원했다. 그 목표를 위해 필요한 것이 약제와 기구의 사용이었다.

그 사용과 관련하여 반성의 목소리도 있었다. 예를 들면, 촉진제의 과다 사용이었다. 촉진제를 잘못 사용하면 산모가 사망할 수 있었다. "잘못하면 사람 죽죠, 안 되죠. 그러니까 '제발 촉진제 많이 쓰지 말자' 하는 게 우리 회의 때마다 얘기하고 또 교육이 있었거든요." 하지만 조산소를 개설하고, 시설 분만을 시작하면서 경계심이 약해졌다. "시설분만을 해 놓고 병원처럼 해 놓으니까 조산사도 간덩이가 부었죠. 영역이 분수를 넘어서 우리가 좀 과하게 한 것 같아요, 지금 생각하니까. 그러니까 의사도 좋게 안 생각하죠. 그래서 경계심이 생기죠."

의사들에게 조산사는 문제를 악화시키는 존재이기도 했다. 자신의 아들이 종합병원에 근무한다는 조산사는 그 아들의 불만을 전했다. "조산사들이 주물럭거리다가, 못하고 오는 것 때문에 아주 죽겠다는 거예요." 조산사들이 제대로 된 처치를 하지 못한 채 문제를 악화시켜 오히려 임산부들이 병원에 도착했을 때는 방법을 찾기 어렵다는 불만이었다. "애기 받는 것도 철저히 소독하고 이렇게 잘해가지고 오면 괜찮은데, 자기가 하면 안 되는 건데 끝까지 쥐고 있다가 아무런 차도 없이 그냥 왔다는 거예요." 조산사가 자신이 감당할 수 있는 범위를 넘어서 의료적 개입을 했기에 문제가 발생한다는 지적이었다.

이런 문제의식을 가진 의사들은 조산사의 의료기구나 약제 사용을 반대하고 있다. 원로 조산사들은 여기에 맞서 국가가 개입해야 한다고 주장했다. 국가가 의사를 설득하거나 강제하기를 바란 것이다. 하지만 2000년 의사 파업, 2020년 전공의 파업에서 확인할 수 있듯이 의사는 한국에서 가장 강력한 이익집단 중 하나이다. 민주주의가 증진되는 사회에서 국가도 의사를 일방적으로 규제하기 힘들다. 십여 년 전에 그랬듯이 지금도 원로 조산사들의 바람은 실현되기 어려워 보인다. 다만, 원로 조산사들의 회고는 왜 그들의 미래가 불투명해졌는지 해명하는 데 도움을 줄 수 있을 것이다. 나아가 미래를 투명하게 만드는 데 도움을 줄 수 있을 것이다.

출산, 의학이 되다*

이태준(서울대학교병원 의학박물관)

* 이 글은 서울대학교병원 의학박물관 2016년 특별전 "출산, 의학이 되다"
의 내용을 재편집한 것이다.

이태준__ 경희대학교 사학과 졸업. 서울대학교병원 의학박물관에서 과거의 의료기기와 의약품에 담겨진 이야기를 찾아내어 알리는 일을 하고 있다.

산모와 아기가 무사한 출산이 우선이다

새 생명과의 만남은 동서고금을 막론하고 축복받아야 하는 일이다. 하지만 이를 위해서는 반드시 산모와 아기 모두 건강한 순산이 이루어져야 한다. 인류는 오랜 시간동안 순조로운 출산을 위한 경험을 쌓아왔다. 한국의 전통 의학에서 출산은 일찍이 하나의 특수 영역으로 존재해 왔다. 출산을 돕기 위한 산파(産婆)가 활동하기도 했다. 아이를 낳을 때까지 산모와 가족들은 각종 금기를 지키며, 임신과 출산을 관장하는 신에게 순산을 기원했었다.

근대 의학의 발전으로 출산의 풍경에는 변화가 찾아온다. 의학교육과 훈련을 받은 의사 또는 산파들이 등장하면서 보다 안전하게 산모의 출산을 도왔다. 따라서 산모들은 출산의 걱정을 덜기 위해 점차 병원을 찾게 되었다.

한편 오늘날의 의학은 보다 적극적으로 출산에 개입한다. 출산 이전 단계에서 태아의 질병을 진단하고 치료한다. 보조생식술을 통해 아이를 간절하게 원하는 부부의 염원을 해결하고 있기도 하다.

이번 글에서는 출산과 관련된 그림과 사진, 의료기기와 의약품 등 여러 이미지를 통해 출산의 역사를 간략하게나마 조망해보고자 한다. 그 흐름을 거칠게나마 짧게 요약해보자면, 탈 없는 무사한 출산을 염원하는 산모와 주위 사람들의 노력이라고 할 수 있다.

전통시대의 출산

농업 기반의 전통 사회에서 한 사람의 노동력은 무척 귀중한 것이었다. 다산(多産)은 집안의 번창을 의미했으며, 따라서 출산은 여성의 주요 덕목으로 여겨졌다. 사람들은 제 때에 맞는 결혼과 출산은 의무라고 생각했다.

정확한 통계는 없지만 대개 조선 후기 여성들은 17세 내외에 결혼했고, 평생 4-5명의 자녀를 출산하였다고 한다. 순조로운 출산이 이루어지지 못

감로도(왼쪽)와 감로도 확대 사진(오른쪽)(子母俱喪)(18세기경, ⓒ국립중앙박물관)

하면 산모와 아이 모두 생명에 치명적인 문제가 발생할 수 있는데, 당시 여성들은 일생 동안 네 번, 다섯 번 그 위험을 감수해야 했던 것이다.

위 그림은 조선 후기 어느 사찰의 법당 벽에 걸려 있던 〈감로도(甘露圖)〉이다. 감로도는 이생을 떠돌고 있는 뭇 영혼들을 감로로 구제한다는 내용을 담고 있다. 그림 하단에는 영혼들이 현생에서 겪었을 고통스러운 삶의 마지막 모습들이 묘사되어 있다. 그 가운데 주위의 온갖 소란스런 모습들과는 다르게 아이와 엄마가 잠든 것처럼 고요한 표정으로 누워 있는 장면이 있다. 아이를 낳다가 산모와 아기 모두 죽는 경우이다[子母俱喪]. 당시 산모들은 그만큼 출산의 위험을 감내해야만 했다.

전통의학의 전문 분과, 출산

전통의학에서 임신과 출산 분야는 소아과, 법의학과 더불어 유래가 깊은 전문 분과이다. 임신과 출산은 조선시대 궁중의 의사를 뽑는 시험의 필수과목이었으며 궁궐의 의녀들도 반드시 익혀야 할 내용이었다. 우리나라 최초의 출산 전문 의서는 1434년(세종 16년)에 출간된 『태산요록(胎産要錄)』이다. 의관 노중례(盧重禮)가 편찬했으며 태교, 순산하는 방법, 난산에 대처하는 방법 및 갓 태어난 아기를 돌보는 방법 등이 실려 있다.

1608년(선조 41년) 허준(許浚)은 한글로 쓰인 출산 전문 의서인 『언해태산집요(諺解胎産集要)』를 편찬했다. 이 책이 언해(諺解), 즉 한글로 출간된 이유는 의사 혹은 지식 계층에게 한정되었던 의학 지식을 대중에게 알리기 위함이었다.

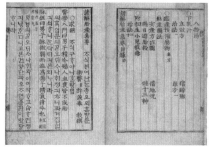

언해태산집요(諺解胎產集要) / ⓒ한독의약박물
관

이후 출산에 대한 의학 지식은 더욱 널리 전파되었다. 『산림경제(山林經
濟)』, 『임원경제지(林園經濟志)』, 『규합총서(閨閤叢書)』 등 생활에 필요한 다양
한 지식을 수록한 서적에도 출산을 비롯한 생활에 필요한 의학 지식이 실
려 있다.

『동의보감(東醫寶鑑)』에서의 출산

조선시대의 의학을 대표하는 의서인 『동의보감』은 각종 의서에 등장하
는 다양한 학설과 처방을 증상, 진단, 예후, 예방법 등으로 정리하여 당시의
의학 지식을 집대성한 것으로 평가받고 있다. '부인(婦人)' 항목에는 임신부
터 출산에 이르기까지의 증상과 대처법, 처방 등이 실려 있다. 그중에서 지
금과는 다른 관점의 흥미있는 내용을 아래와 같이 꼽아볼 수 있다.

1) 아기 갖기: 아기를 가지기 위해서 필요한 것으로 『동의보감』에서 처
음 언급하는 내용은 여성은 월경(月經)을 고르게 해야 하고 남성은 정기(精
氣)를 충실하게 해야 한다는 것이다. 즉 남성과 여성 모두 자신의 몸을 가지
런히 다스려야 한다는 의무를 동일하게 요구했다. 진맥 또는 특정 약을 먹

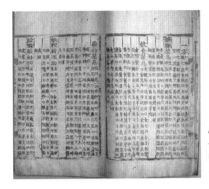

『동의보감(東醫寶鑑)』잡병편(雜病篇)의 부인(婦人)
/ ⓒ서울대학교병원 의학박물관
동의보감 잡병편의 부인(婦人) 항목이다. 여성의 질
병에 대한 내용도 있지만 임신과 출산에 대한 항목
이 다수를 차지하고 있다.

은 후의 몸의 변화를 감지하여 임신 여부를 판단할 수 있다는 내용이 실려
있기도 하다.

2) 임신 중 딸을 아들로 바꾸는 방법, 전녀위남법(轉女爲男法) : '남자아이를
출산하는 방법'은 동아시아 가부장제 문화가 반영된 산물이다. 전통의학
에서는 임신 3개월까지 아들과 딸이 구별되지 않는다고 이해했다. 따라서
남자아이를 출산하기 위해서는 임신 3개월 이전에 원추리꽃, 수탉, 활, 도
끼 등 양기(陽氣)를 상징하는 물건을 소지하고 있으면, 태아가 남자가 될 수
있다고 생각했다.

3) 산모들의 필수 약, 불수산(佛手散): 불수산은 출산 전에 산모가 먹는 약
이다. 비교적 구하기 쉬운 약재인 당귀와 천궁이 주재료이다. 불수(佛手)는
부처님 손을 뜻하는데, 부처님의 손으로 아기를 받는 것처럼 순산을 돕는
다는 의미에서 붙여진 이름이다.

4) 안산방위도(安産方位圖)와 최생부(催生符): 가족들은 산모가 출산하기 1-2
개월 전부터 출산을 위한 방을 마련했다. 방에는 안산방위도와 최생부라

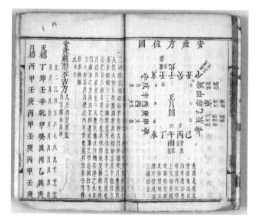

19세기 후반에 일본에서 출판된 『동의
보감(東醫寶鑑)』의 안산방위도(安産方
位圖) / ⓒ서울대학교병원 의학박물관
『동의보감』 부인문(婦人門)에 실려 있
는 정월(正月)의 안산방위도이다. 정월
에 산모는 병(丙, 5-6시 방향) 방향을
향해 출산을 해야 하며, 임(壬, 11-12
시 방향) 방향으로 태반을 처리하라는
내용이다.

남자아이 출산을 위해 산모가 소지했던 장신
구, 기자(祈子) 도끼 / ⓒ국립민속박물관
양기를 상징하는 도끼를 축소시켜 만든 장신구
이다. 대개 세 개를 끈으로 엮어서 산모가 임신
기간 중 부적처럼 품에 간직했다.

산모의 빠른 출산을 기원하는 부적, 최생부(催生符)
산모의 빠른 출산을 기원하는 부적이다. 안산방위도
와 함께 『동의보감』 부인문에 실려 있다.

는 이름을 가진 부적을 붙였다. 모두 『동의보감』에 그림이 실려 있다.

안산방위도는 산모가 출산할 때에 누워야 할 방향과 태(胎, 탯줄과 태반)를 버리는 방향을 알려주는 방위도이다. 당시 사람들은 길(吉)한 방향을 향해 출산해야 순산할 수 있다고 생각했다. 그 방향은 달마다 바뀌며, 출산하는 방의 북쪽 벽에 이 방위도를 붉은색으로 그려서 붙여 놓았다.

최생부는 산모의 빠른 출산을 기원하는 부적이다. 빠른 출산은 곧 순산을 의미한다. 시간이 지체될수록 산모와 아이 모두 위험할 수 있기 때문이다. 따라서 최생부는 순산을 기원한다는 의미를 가지고 있는 것이다.

조선왕실의 출산

왕실의 출산은 대를 잇는 왕자의 탄생이라는 점에서 국가의 중대사였다. 왕비가 임신을 하고 출산할 시기에 이르면, 출산을 담당할 산실청(産室廳)이 설치되었다. 실력이 좋은 의관과 의녀를 차출하여 항상 숙직시키고 출산에 대비하였다. 산실청을 설치를 전국에 알리고 출산한 이후까지는 죄인들에게 가혹한 형벌을 내리거나 가축 도살하는 것을 금지하는 등 왕실 출산을 위한 금기를 발표하였다. 출생한 아기가 왕위를 이를 원자인 경우 대대적인 경축 행사가 뒤따랐다.

출산 후에는 길일을 골라 아이의 태(탯줄과 태반)를 태항아리에 보관하는 안태 의식을 시행했다. 먼저 태를 맑은 물과 술로 씻는 세태 의식을 치른 후에 작은 태항아리에 담고 밀봉하였다. 다시 큰 태항아리 안으로 이를 옮기고, 빈 공간을 솜으로 채운 후에 붉은 실로 봉인하였다. 이후 전국에 풍

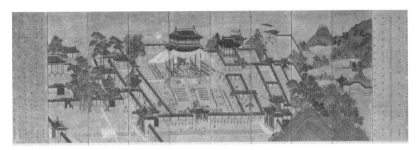

왕세자(순종)의 탄생을 축하하는 왕실 연회를 그린 그림, 왕세자탄강진하도(王世子誕降陳賀圖) 병풍
(1874년) / ⓒ국립고궁박물관

세종의 태항아리와 태지석 / ⓒ국립고궁박물관
태항아리는 왕자나 공주의 태(胎, 탯줄과 태반)을 담는 그릇이다. 대개 작은 항아리와 큰 항아리 두 개
로 구성되어 있으며, 항아리 어깨에 귀(고리)가 있는 것이 특징이다. 안태(安胎) 의식은 조선 왕실의
독특한 출산 의식이다.

수 좋은 곳을 찾아 태항아리와 주인공의 이름 등을 기록한 태지석(胎誌石)을
땅에 묻고 석조물과 비석을 세웠다. 이렇게 하면 길지(吉地)의 좋은 기운을
태의 주인공이 받아 무병장수할 수 있다고 믿었다.

　한편 조선시대 왕실의 출산을 조사한 것에 따르면 왕 1명당 자녀는 평
균 9.7명, 왕비 1명당 출산 자녀는 2.4명, 후궁 1명당 출산 자녀는 1.1명이
었다. 조선시대 여성 1인당 자녀수가 4-5명이라는 결과와 비교하면 왕실

여성들은 궁궐 밖 여성들보다 출산 자녀 수가 적었다.

병원에서 아이를 낳다

　전통적으로 출산은 가정 내의 일이었고, 여성의 일이었다. 출산은 오롯이 가족과 넓게 보아야 마을 공동체의 몫이었다. 가족들은 산모를 위해 집안에 출산을 위한 방을 차리고, 이웃 여성들은 곁에서 출산을 도왔다.

　근대 의학의 발전과 함께 의사들은 출산에 대한 전문 지식을 쌓아 갔다. 새로운 의료기기를 갖춘 남성 산파도 등장했다. 산모들은 안전한 출산을 위해 병원을 찾았다. 출산을 위한 공간이 가정에서 병원으로 옮겨졌다.

　오늘날 산모들은 임신을 확인하는 시점부터 의사와 상의한다. 현대 첨단 의학은 임신과 출산의 모든 과정에 개입하며, 생명 탄생 순간을 새로 창조하고 있다.

겸자(産科鉗子, 分娩鉗子)와 남성 산파

　동서양을 막론하고 전통적으로 출산은 여성과 가정, 산파의 영역이었다. 그러나 17세기경부터 유럽과 북아메리카를 중심으로 산부인과 의사와 남성 산파 같은 전문직 남성이 출산에 개입하기 시작하였다. 그들은 여성 산파들이 교육을 받지 못하여 비위생적이며 출산에 수반될 수 있는 질병에 대처하지 못한다고 주장하였다. 산과겸자(産科鉗子, 분만겸자)가 등장하면서 전문직 남성의 개입은 더욱 용이해졌다. 산과겸자의 사용과 관련해서는 17세기 영국 체임벌린 가문을 언급해야 할 필요가 있다. 그들은 커다란 집 게처럼 보이는 산과용 겸자를 이용했다. 이 도구는 태아의 위치가 출산에 적합하지 않은 상황에서 태아의 머리를 잡아끌어 산도(産道)로 유도하는 역 할을 한다. 피터 체임벌린은 1645년경 산과용 겸자를 처음으로 사용하고, 이 도구의 사용법을 100여년 간 가족 내의 비밀로 숨겼다. 겸자는 좀 더 안

19세기 경 유럽에서 쓰인 출산을 위한 산모용 의자 / ⓒ wellcome collection
유럽에서 15세기경에 출판된 산과학 서적에는 분만용 의자 가 소개되어 있다. 분만용 의자는 중력을 이용해 분만을 쉽 게 할 수 있다는 이점이 있으나, 산파의 시야가 확보되지 않 는다는 단점이 있다.

19세기 유럽에서 쓰인 산과겸자(産科鉗子) / ⓒwellcome collection
산과겸자는 태아의 머리가 잘 나오지 않아서 출산이 어려워 질 때, 머리를 잡아끌어 분만을 도와주는 집게 모양의 금속 제 기구이다. 산과겸자는 18세기 이후 널리 보급되어 산부 인과를 대표하는 도구가 되었다.

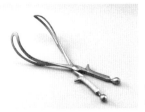

한국에서 사용되었던 산과겸자(産科鉗子) / ⓒ서울대학교병 원 의학박물관

남성 산파에 대한 부정적인 인식을 묘사한 의 풍자화(1773년, 유럽)
출산 과정은 전통적으로 여성의 일이었다. 남성이 출산에 관여한다는 것은 아무래도 불편할 수밖에 없었을 것이다. 이 그림에서 출산용 의자에 앉아 있는 산모 곁에 있는 부드러운 표정의 인물이 남성 산파이다. 불만스런 표정을 지으며 밖으로 나가는 사람은 산모의 남편이다. 낯설은 남성이 아내의 출산을 맡는다는 것이 불편했을 것이다.

여성과 남성 산파를 비교한 일러스트 (1793년, 유럽)
한 인물(산파)을 반으로 나누어 오른쪽은 여성 산파, 왼쪽은 남성 산파로 묘사한 일러스트이다. 불을 피운 벽난로를 배경에 서 있는 여성 산파는 작은 그릇을 들고 있다. 남성 산파는 산과겸자를 들고 있으며, 등 뒤의 벽장에는 온갖 약병이 놓여 있고 겸자, 견인기 같은 외과용 도구들이 걸려 있다. 따뜻한 방안에서 경험을 살려서 순산을 돕는 여성 산파와, 차가운 금속제 도구와 약물로 출산을 돕는 남성 산파의 차이점을 한 장면으로 묘사한 그림이다.

전한 출산을 바라는 여성의 희망이 담긴 것이었으며, 동시에 남성의 출산 개입의 상징이 되었다. 19세기 들어 중산층 여성은 남성 산부인과 의사를 찾고 가난한 여성들은 산파를 찾는 계층 분화가 정착되었다.

출산 실습용 인체 모형

출산 과정에는 여러 가지 문제들이 발생할 수 있다. 태아의 위치나 자세에 문제가 있거나 태반에 문제가 생겨 태아가 엄마의 몸을 순조롭게 빠져나오지 못할 수도 있다. 의학 교육을 받는 학생들은 이러한 상황 등에 대처할 수 있는 능력을 익히기 위해 인체 모형을 가지고 실습을 한다. 출산 과정을 실습할 수 있는 인체 모형은 18세기에 만들어진 것이 남아 있으며, 현재에는 각종 디지털 장비와 결합된 것도 있다.

18세기 이탈리아에서 쓰였던 출산 교육용 인체 모형 / ⓒwellcome collection

20세기 초반 한국 의학교육기관에서의 출산실습 (1936년경 대구의학전문학교)

출산에서 마취술의 도입

의학의 발전이라는 관점에서의 출산은 태어나는 아기의 건강은 물론 출산 과정에서 산모의 생명을 지키고 고통을 덜어주는 것도 반드시 달성해야 하는 일이다. 19세기 중반 미국과 유럽의 의사들은 마취제인 에테르를 사용하기 시작했다. 마취 없이 고통을 감수하면서, 외과수술을 받아야 했던 환자에게는 큰 선물이었다.

역시 마취제를 사용하여 출산 과정에서 겪는 산모의 고통을 덜 수 있었다. 영국의 의사 제임스 심슨(James Simpson, 1811-1870)은 마취제 클로로포름을 산모에게 흡입시키면 고통을 감소시켜줄 것이라고 주장했다. 하지만 심슨은 많은 반대에 부딪쳐야 했다. 마취가 산모와 태아의 안전에 문제를 일으킬 수 있다는 이유도 있었지만, 종교적인 관점에서의 반대가 더 주를 이루었다. 기독교 성경의 구절을 인용하여 출산의 고통은 인간의 원죄(原罪)에 대한 형벌이라고 해석했기 때문이다. 성경을 근거로 마취를 옹호한 주장도 함께 등장했다. 성경에 신이 아담을 잠들게 한 다음에 갈비뼈를 떼어 내 이브를 만들었다는 내용이 있는데, 바로 아담을 재운 행위를 마취라고 해석했던 것이다.

논쟁의 마무리는 성경에서 출산 현장으로 돌아와서 이루어졌다. 1853년 영국 빅토리아 여왕은 산모의 마취와 출산에 관심을 쏟던 의사 존 스노를 초청하고 클로로포름 마취를 통해 아이를 성공적으로 출산했다. 이 이후에야 무통 분만을 둘러싼 논쟁은 수그러들었다. 현재에도 출산의 통증을 관리하기 위해 마취술이 이용되고 있다. 태아와 산모에게 일어날 부작용

제임스 심슨(James Simpson) 출산 과정의 고통
을 줄이는 방법으로 마취제 도입을 주장했다.

빅토리아 여왕(1860년경의 모습) 마취를 통해 무
통 분만을 함으로써 논쟁을 잠재웠다.

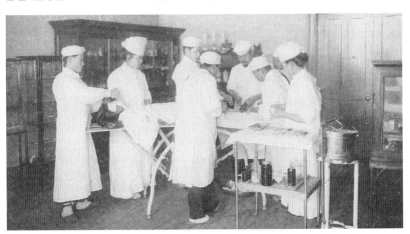

클로로포름 마취 모습(1916년경, 한국)
사진 맨 왼쪽의 마취 담당자는 환자의 코와 입에 천 재질의 마스크를 올리고, 클로로포름을 마스크에
한 방울씩 떨어뜨린다. 환자는 기화된 클로로포름을 흡입하면서 마취 상태로 들어간다. 당시에는 외
과의 조수가 마취를 맡았었다.

수술에서 마취술의 도입

마취가 없던 시기의 외과 수술을 묘사한 일러스트(1793년)

골절이나 상처의 치료, 결석과 종양의 제거, 썩어 가는 팔다리를 잘라 내는 사지(四肢) 절단술은 오래된 외과 수술이다. 제거, 절단 이후에도 지혈을 위해 뜨겁게 달군 쇠로 상처를 지지거나 끓는 기름을 붓기도 했다. 마취술이 도입되기 이전에 외과수술을 받았던 환자의 고통은 상상할 수도 없다.

마취가스는 처음에 화학자와 치과의사들이 발견했다. 1799년 영국 화학자 험프리 데이비(Humphrey Davy, 1778-1829)가 아산화질소(N_2O)를 발견했다. 이 가스를 흡입하면 몽롱한 상태가 되고 얼굴이 웃는 표정이 된다고 하여 웃음가스(laughing gas)라는 별칭이 붙여졌다.

이후 아산화질소의 통증 완화 효과를 관찰한 미국의 치과의사 호레스 웰스(Horace Wells, 1815-1848)가 이를 치과 치료에 사용하기 시작했다. 웰스의 친구인 미국의 치과 의사 윌리엄 모튼(William Morton, 1819-1868)은 1846년

웃음가스 사용을 풍자하는 일러스트(1830년, 런던)

10월 보스턴 메사추세츠 종합병원에서 여러 의사들 앞에서 마취 시연을 시도했다. 모튼은 에테르(Ether)를 이용한 마취를 담당했고 외과의사 존 워런 (John Warren, 1753-1815)은 환자의 목 종양 제거 수술을 맡았다. 수술은 잘 마쳤고, 환자는 아픔을 전혀 느끼지 못했다. 마취와 수술 모두 성공했다. 마취 요법이 널리 세상에 알려지게 되는 순간이기도 하다.

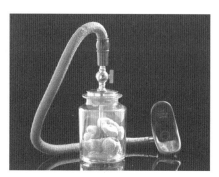

19세기 유럽에서 사용된 마취용 에테르 흡입기 /
ⓒwellcome collection

가능성을 줄이기 위해 산모의 의식을 유지해야 하기 때문에 척추마취술이 쓰인다.

청진기 개발과 산부인과에서의 청진

청진기는 1816년경 프랑스 의사 라에넥(René Laennec, 1781-1826)이 발명하였다. 그가 만든 최초의 청진기는 나무를 깎아 만든 원통형 청진기로, 한 쪽 귀만으로 듣는 도구였다. 1840년대에는 편의를 위해 휘어지는 관을 이용한 청진기가 개발

외귀형 청진기, 트라우베형 청진기 / ⓒ서울대학교병원 의학박물관

되었으며, 1850년대에는 양 귀를 모두 사용하는 청진기가 개발되었다.

청진기를 활용한 진단법이 등장하면서 임신부의 복부를 청진하여 태아의 심장 박동 소리와 태반 혈관 속에 피가 흐르면서 나는 태반 잡음을 들어서 진단하는 방법이 개발되었다. 이로써 자궁 속에 들어 있는 태아의 생존 가능성을 미리 예측할 수 있게 되었다. 의사는 청진을 통해 임신의 객관적 지표를 얻을 수 있게 된 것이다.

외귀형 청진기는 1900년대 양귀형 청진기가 보편화되기 전까지 널리 쓰였다. 특히 임신부에게는 외귀형 청진기를 선호하였는데, 프랑스 산부인과 의사 피나르(Adolphe Pinard, 1844-1934)가 '귀 트럼펫' 모양을 본떠 외귀형 태아심음청진기(Pinard Horn)를 발명하였다. 위의 청진기는 1850년 독일 의

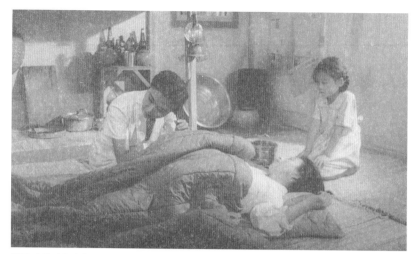

한국 영화 서울의 휴일(1956년)에서의 외귀형 청진기를 이용한 산부인과 의사의 진료장면. 이 영화의 주인공은 산부인과 의사이다. 위 상황은 주인공이 출산이 임박한 산모의 집에 왕진을 가서 산모를 진찰하는 장면이다. 진단을 위해 외귀형 청진기를 사용하고 있다. / ⓒ한국영상자료원

사 트라우베(Ludwig Traube, 1818-1876)에 의해 개발되어 19세기 후반부터 중국, 일본 등 동아시아에서 산파용으로 널리 쓰인 트라우베형 청진기이다.

손씻기와 산욕열(産褥熱)의 극복

19세기 중반에 출산에서 출혈, 산통, 지연 분만이라는 문제는 맥각(에르고트), 마취제, 산과겸자(분만겸자)의 개발이라는 발전을 가져왔다. 산욕열은 산모의 건강을 위해 극복해야 할 과제였다. 산욕열은 출산 후에 지속되는 고열 상태로, 출산 과정에서 생긴 상처를 통해 박테리아, 연쇄상구균 등 병원균에 감염된 것이 원인이다. 현재는 항생제를 사용하여 이를 치료할 수 있

이그나스 제멜바이스. 산욕열 예방과 치유의 길을 개척했다.

지만, 원인도 치료법도 몰랐던 19세기의 상황에서 산욕열은 산모의 생명을 위협하는 무서운 질환이었다.

헝가리의 의사 제멜바이스(Ignaz Semmelweis, 1818-1865)는 출산에 참여하는 의사와 산파의 손에 문제가 있다고 판단했다. 그는 오스트리아 빈의 종합병원 산부인과에서 근무하면서 산욕열로 사망한 산모의 시신을 부검하던 의사가 다른 출산에 관여하면 그 산모에게 산욕열이 발생할 가능성 높다는 점을 발견했다. 그의 추론은 시신 부검을 한 의사의 손에서 산모의 상처로 병이 옮겨진다는 것이었다. 그래서 염소 용액으로 손을 소독하고 출산에 참여해야 한다는 방법을 마련했다. 다만 다른 의사들은 그의 관찰과 주장을 신뢰하지 않았다. 이후 세균학이 발전하면서 병원균의 존재와 감염병의 전파 경로를 이해하면서 소독의 필요성을 확실하게 이해하게 된다. 산욕열 역시 산모의 상처에서 병원균의 감염을 통해 발생했던 것이다. 그 매개는 환자를 접하고, 시신 부검을 한 의사의 소독하지 않은 맨손이었다. 제멜바이스는 세균학적 지식을 알 수 없었다. 다만 그의 관찰력과 추론을 통해 의사의 맨손이 문제의 원인이었음을 찾았던 것이다.

과학의 눈으로 산모의 몸을 살피다

산부인과 진단법의 발전

산모는 약 20주가 지나면 태아의 움직임을 느낄 수 있다. 그러나 산모가 아닌 제3자가 태아의 상태를 실시간으로 확인하기 위해서는 과학적 접근이 필요했다. 1816년 라에넥이 청진기를 발명한 후 얼마되지 않아 프랑스 산부인과 의사 아돌프 피나르(Adolphe Pinard)가 '귀 트럼펫' 모양을 본뜬 외귀형 태아심음청진기 Pinard Horn을 개발하였다.

도플러 초음파 장비는 태아의 심박을 쉽게 들을 수 있게 해준다. 일본 오사카 대학에서 발명, 1950년대 말부터 의료에 사용되기 시작하였다. 산부인과에서는 1966년 태아의 심박수 측정에 쓰였고, 1974년부터는 2D 이미징이 가능해졌다.

산부인과에서는 X-ray, CT 등 방사선을 이용한 진단기기를 사용할 수 없다. 방사선은 태아에게 기형, 정신 지체, 성장 지연 등을 일으킬 수 있기 때문이다. 따라서 태아의 상태를 관찰하기 위해서 초음파를 활용한다. 병원의 초음파 장비는 산모의 배 위에서 초음파를 내보내고 태아로부터 반사되어 온 음파의 굴곡을 계산하여 영상화한다. 그래서 태아의 크기와 움직임, 심장박동 등을 눈으로 확인할 수 있다.

초음파는 의학에서 1940년대 말부터 진단 목적으로 활용되었다. 1958년 산과용 초음파가 개발되어 최초로 태아의 초음파 사진이 탄생하였다. 오늘날처럼 탐촉자를 손에 쥘 수 있는 형태의 초음파 장비로 발전한 것은

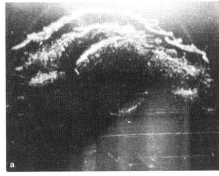

태아의 머리를 촬영한 최초의 초음파 사진
(1958)
영국의 의사 이안 도널드(Ian Donald)가 최
초로 산부인과용 초음파 영상기기를 개발하
였다. 그 기기로 촬영한 최초의 초음파 사진
이다.

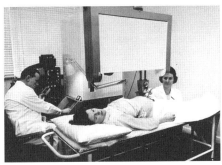

1960년경의 산부인과 초음파 진단장비

태아 심음 청취기 / ⓒ서울대학교병원 의학박물관
도플러 기술을 이용하여 태아 심음을 증폭시켜 청취하고 모니터하는 기기이다. 청진기를 사용하여 태
아의 심장 박동 소리를 듣는 것보다 큰 소리로 들을 수 있다. 1958년 이후부터 활용되었다. 심박동수는
태아의 상태를 알 수 있는 중요한 정보이기 때문에 이 기기를 사용하여 태아의 심박동수를 확인한다.

1963년이었다.

임신, 최첨단 과학으로

20세기 눈부신 의학의 발전은 자연적으로는 아이를 낳을 수 없는 불임커플들에게 희소식을 안겨 주었다. 1978년 7월 25일 최초의 시험관 아기인 루이스 브라운이 탄생한 이후 시험관아기 기술은 날이 갈수록 보편화되어 오늘날 국내에서만 한 해 5만건 가까이 시술이 이루어지고 있다. (2012년 기준) 시험관아기 시술로 임신하는 것은 더 이상 이색적인 일이 아니며 생식의 자연스러운 방법

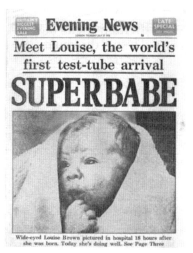

세계 최초의 시험관 아기의 출산을 알리는 신문기사(1978)

중 하나로 받아들여지고 있다. 이제 임신은 신이 내린 선물일 뿐 아니라 의학의 선물이다.

오늘날에는 정자와 난자의 수정 및 배아의 착상 등 임신의 전 단계에 의학이 개입할 수 있다. 배아 단계에서 유전자 검사 및 치료가 이루어지기도 하고, 임신한 상태에서 태아의 수술을 실시하기도 한다. 배아에서 줄기세포를 추출하여 난치성 질환의 치료를 위한 치료제로 개발하기도 한다. 최첨단 의학의 발전으로 생명의 탄생에 관한 비밀을 하나씩 알게 되었을 뿐

아니라, 재생하고 응용할 수 있게 된 것이다. 이 과정에서 생명복제 등 윤리적 논란도 벌어지고 있으나 앞으로도 생식과 탄생을 둘러싼 의과학은 발전할 가능성이 무궁무진하다.

그 밖의 출산과 관련된 의료기기와 의약품

산모와 태아의 상태를 살피고 출산 과정에 이용되는 의료기기 이외에도 임신 가능 여부를 진단하는 의료기기, 출산 시간을 조절하고 산모의 출혈을 막는 의약품, 갓 태어난 아이의 상태를 진단하는 기기 등 출산과

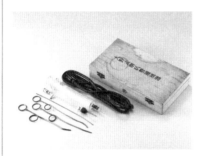

나팔관통풍기 / ⓒ서울대학교병원 의학박물관
난관(卵管, 나팔관)이 제대로 소통되는지 여부를 판단하여 불임을 진단하는 루빈테스트(Rubin Test)에 사용되는 기기이다. 이산화탄소 가스를 자궁에 주입한 후에 가스가 나팔관을 통과하는지 청진하여 관찰한다. 가스가 나팔관을 통과하지 못한다면 나팔관이 막혀 있다는 것으로, 정자와 난자가 수정되기 어렵다고 진단할 수 있다.

유아용 체중계 / ⓒ서울대학교병원 의학박물관
출산 직후 영아의 몸무게를 측정하는 저울이다. 출산 직후 체중은 영아의 건강 상태를 파악하는 데에 매우 중요한 지표이다. 저울 눈금을 살펴보면 출생 및 1, 2개월 등 생후 개월 수에 따라 남아 표준체중, 여아 표준체중이 기재되어 있어 쉽게 유아의 발육상태를 확인할 수 있다.

관련된 의료기기는 다양하다. 반면 1960년대 이후 출산 억제를 위한 가족계획사업으로 보급된 여러 피임도구들도 출산과 관련된 것들이라고 할 수 있다.

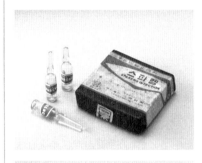

스파렝, 주사제, Spareng Injections / ⓒ서울대학교병원 의학박물관
금잔화 등 식물에서 얻은 알칼로이드 스파르테인(Sparteine) 성분의 자궁수축제이다. 출산과정에서 진통촉진제, 지혈제로 쓰인다. 위 약품은 1960년경에 출시된 삼성제약 제품이다.

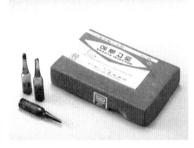

에루고토, 주사제, Ergoto, Injections / ⓒ서울대학교병원 의학박물관
자궁수축지혈제이다. 맥각(麥角, Ergot, 맥각균이 벼와 식물의 이삭에 기생하면서 만들어낸 굳은 덩어리)에서 얻은 알칼로이드가 원료이다. 이 물질이 혈관과 자궁 평활근을 수축시키는 역할을 하여 출산과정에서 자궁수축제, 분만촉진제, 지혈제로 사용된다. 위 약품은 삼성제약의 1954년 제품이다.

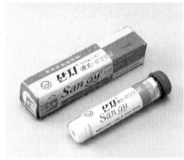

산지 루우프, 정제, Sangy Loop, Tablets / ⓒ서울대학교병원 의학박물관
소독약 성분의 발포정(發泡錠)으로 정자를 죽이는 살정제이다. 약 이름인 '산지(產止)'는 임신을 멈춘다는 의미이다. 케이스에 가족계획보조제라 쓰여 있는 것으로 보아, 1960년대 이후 실시된 인구 증가 억제 정책인 가족계획사업으로 보급된 것이다. 동아제약 제품이며, 가격은 40원이다. 가족계획사업은 경제상황에 비해 인구가 계속 증가한다는 문제를 해결하고자 1962년 정부의 경제개발사업과 함께 시작됐다.

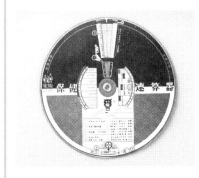

보건속산기 / ⓒ서울대학교병원 의학박물관
1960-70년대 가족계획에 쓰이던 것이다. 여성
스스로 생리주기를 계산하여 임신 또는 피임을
계획하는 데 도움을 주었다. 두 겹의 원판을 돌
려가면서 앞면으로 피임일자, 월경주기 계산을
할 수 있고, 뒷면으로는 임산부의 신장에 따른
임신 정상체중을 계산할 수 있게 하였다. 임신
중 건강식, 아이의 발육 양상 등의 정보가 추가
로 실려 있다.

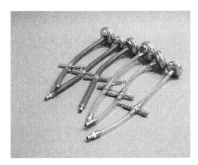

태아머리 흡입인출기와 캡 / ⓒ서울대학교병원 의학박물관
태아의 머리에 흡인장치를 붙이고, 공기펌프로 태아의 머리를 잡아당겨 출산을 돕는 장비이다.
산과겸자의 역할을 진공펌프로 대체한 것으로 1950년대부터 이용되고 있다.

아이를 가질 수 있게 하는 약, 태양조경환(胎養調經丸)

　태양조경환(胎養調經丸)은 화평당약방(和平堂藥房)이 출시한 월경불순 등 여성질환(자궁병이라도 불렸다) 매약(賣藥)이다. 1910년을 전후한 신문에서 태양조경환 광고가 게재되었던 점을 보면 비슷한 시기에 출시되었던 것으로 보인다. 화평당은 활명수(活命水)의 동화약방(同和藥房), 청심보명단(靑心保命丹)의 제생당(濟生堂), 영신환(靈神丸)의 조선매약(朝鮮賣藥) 등과 함께 20세기 초반 한국의 근대 의약업을 대표하는 제약사였다. 태양조경환의 경쟁품으로는 일본제 여성질환 매약인 이노치노하하[命の母, いのちのはは], 중장탕(中將湯), 희곡실모산(喜谷實母散), 한국산 매약인 칠제향부환(七製香附丸), 보태조경환(保胎調經丸) 등이 있었다.

　1910년경부터 태양조경환의 신문광고(대한매일신보, 매일신보)가 등장한다. 태양조경환 광고는 다른 약 광고에 비해 광고 문구와 디자인이 자주 변경되었고, 실리는 횟수도 많았다. 인기가 좋았던 것으로 보인다. 광고 문구 중 약의 효능을 보면 부인의 자궁병 치료약으로 경도불순(經度不調), 대하(帶下), 월경시 요통이나 하복부 통증 치료에 도움이 된다는 내용이다.

　그런데 빼곡한 광고문구 사이에서 크고 진한 글씨로 강조하고 있는 홍보문구에 주목할 필요가 있다. "자식 없음의 비애(悲哀)와 적막(寂寞)을 만리장풍(萬里長風)에 일소(一掃)하고 순풍에 돛을 달아 쾌락의 피안으로 가는 첩경은 이 태양조경환을 복용함이 제일이다."(동아일보, 1920년 7월 15일), "새해에는 아들아기 낳으십시요!"(동아일보, 1922년 1월 8일), "수태(受胎)하지 못함은 결단코 팔자가 아니다", "보배 다이아몬드에 휘감긴 부인과 방글방글하는 아들을 껴안은 부인 중에 어느 편이 정말로 행복한 부인입니까?"

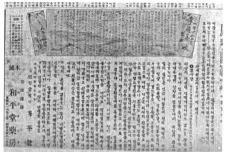

태양조경환(왼쪽) / ⓒ서울대병원 의학박물관. 태양조경환, 구매자 감사 편지 인용 광고(오른쪽)
매일신보, 1917년 7월 4일 자에 실린 태양조경환 광고이다. 약을 복용하고 효과를 본 구매자가
제조사에 보낸 감사 편지를 내세운 광고이다. 매약 판매경쟁이 치열해지면서 등장한 광고 기법
이다. 약 구매자의 체험담과 감사를 소개하는 것이 핵심이다. 장황한 편지내용을 정리해보면, 주
인공은 나이 40세의 여성으로 경도부조(생리불순), 복통, 요통으로 고생해서 아이 가질 생각도
못했는데, 친구 권고로 태양조경환을 복용한 후에 아픈 것도 나아지고, 임신 8개월째로 경쾌하
고 신체 건강하다는 내용이다.

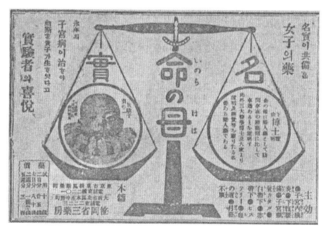

이노치노하하[命の母] 광고
일본제 여성질환 매약 이노치노하하의 신문광고.(동아일보, 1923년 2월 21일) 대하증(帶下症)
등 자궁질환 치료에 도움을 주며, "여자 임신을 보증(保証)", "생식기능을 증진"한다는 등 임신
을 강조하고는 문구와 아이를 앞에 안고 있는 여성 사진을 삽입한 점에서 태양조경환의 광고와
비슷하다. 생리불순, 대하증 등 여성 질환 치료제이지만, 아이를 가질 수 있는 약으로 광고하고
있는 것이다.

중장탕(中將湯) 광고
일본제 여성질환 매약인 중장탕中將湯 광
고이다. 중장탕 광고는 대개 커피나 차를
마시는 여성을 묘사한 세련된 일러스트를
내세웠는데, 중장탕을 차 마시는 것에 비
유한 것이다.

(동아일보, 1922년 1월 23일), "아기를 낳지 못해서 한恨하고 원怨하는 것도 벌
써 옛적 말이올시다!"(동아일보, 1922년 2월 27일) 같은 내용이 있다. 광고 일러
스트도 아이를 안고 있는 여성을 그려낸 경우가 많다.

광고의 강조된 내용만 보면 여성질환 치료약이라기보다는 불임 부부
가 아이를 가질 수 있게 하는 약이라는 것으로 이해할 수 있다. 물론 수
많은 광고문구를 읽어 보면 이 약으로 자궁병을 치료해서 수월하게 아
이를 가질 수 있다는 논리가 있다는 것을 알 수 있다.

매약(賣藥)

　매약은 단어 그대로 판매를 목적으로 제조된 약이다. 진단을 통해 환자의 체질과 특징을 파악하여 약재를 더하고 빼어서 처방하는 것이 전통 의학의 약이었다면, 매약은 진단과 관계없이 판매를 목적으로 미리 만들어 놓은 약이다. 개항 이후 일본제 매약이 국내에 유입되었으며, 1900년대를 전후해서는 국산 매약도 등장했다. 주로 대량의 약재를 취급하는 도매상들이 매약업에 진출하였다.

　동화약방(同和藥房)의 활명수(活命水), 제생당(濟生堂)의 청심보명단(靑心保命丹), 화평당(和平堂)의 자양환(滋養丸)·태양조경환(胎養調經丸), 천일약방(天一藥房)의 조고약(趙膏藥), 조선매약주식회사(朝鮮賣藥株式會社)의 영신환(靈神丸) 등이 초기의 유명한 국산 매약이다. 판매 촉진을 위해 매약 제조사들은 광고, 경품 행사, 가격 할인, 통신 판매 등 제한이 없는 경쟁을 벌이기도 했다. 매약업계의 발전이라는 긍정적인 측면도 있었지만 불량약품의 등장, 약품의 오남용, 과대광고 같은 문제도 동시에 발생했다.

여성의 임신과 출산은
혈(血)이 좌우한다

-중국의 여성 보혈약(補血藥) 발달과 근대 의약 광고

최지희(경희대학교 인문학연구원 HK+통합의료인문학연구단 HK연구교수)

최지희__ 경희대학교 HK+통합의료인문학연구단 HK연구교수. 전남대학교 사학과를 졸업하고 중
국 난카이대학에서 박사학위를 받았다. 주요 논문으로는 「청대 사회의 용의(庸醫) 문제
인식과 청말의 변화」, 「청대 의약업의 성장과 약목(藥目)의 출판」, 「청대 의약시장의 상업
화와 '매약'」, 「청대 의약시장의 변화와 '가짜약' 논란」 등이 있다.

'보혈약'은 어떻게 여성에게 중요한 약이 되었나?

중국에서는 송대 이후 여성의 건강과 임신, 출산 등을 다루는 '부인과(婦科)'가 중의학의 체계 안에 확립되고 독립된 전문분야로 발전하고 있었다. 이때 송대의 중의학자들은 여성의 신체와 남성의 신체가 다른 특징을 가지고 있다고 보았으며, '혈액'이 여성의 신체에서 가장 중요하다고 여겼다. 여성은 남성과 달리 혈(血)이 가장 중요하며 건강을 결정한다는 것이다. 이러한 생각은 "여성은 혈(血)이 주가 된다"는 이론으로 굳어지게 되었다. 미국의 중국의료사 연구자 샬롯 퍼스(Charlotte Furth)는 "이러한 '여성은 혈이 주가 된다' 신체관은 명·청대에 이르러 점차 약화되었고, 여성의 질병은 남성과 다르지 않다는 인식으로 전환되었다"고 분석하였다.(Charlotte Furth, p.142)

그러나 여성의 임신과 출산과 관련된 문제에서 중국의 전통의학은 여전히 혈(血)을 주목하였다. 중의학의 '부인과(婦科)'에서 여성의 몸에 나타나는 대다수의 질병의 원인을 '혈'의 부족함이나 기혈의 허함으로 설명한 것이다. 이러한 영향으로 임신과 출산 관련 질병을 치료하는 약은 대부분 부족한 혈을 채우고 더하는 '보혈약(補血)'이 되었다. 즉 '혈이 위주가 된다'라는 여성의 신체관은 비판받거나 수정되었으나, 임신·출산과 관련된 여성 질병의 치료에서는 여전히 주요한 근거로 남아 있었고, 여성의 순조로운 임신과 출산을 위한 보혈약은 각종 의학서나 약국의 처방전에 등장하며 중국 사회에서 보편적으로 사용되었다.

중국에 서양의학과 의약품이 소개되고 산부인과 진료소가 등장했던 청나라 말기와 중화민국시대 초기에도 여성의 '보혈약'은 신문의 의약품광고에서 자주 등장했다. 근대의 사회 변화에도 불구하고 여성의 임신, 출산과 관련된 '보혈'의 개념과 '보혈약'은 여전히 중국사회에 영향력을 가지고 있었던 것이다. 동시에 '강종(强種)', '종족개량'과 같은 새로운 가치나 서양의 의학, 화학, 과학 등의 개념이 여성의 보혈약에 반영되기도 하였다.

이 글에서는 중국 여성의 임신과 출산에 사용되는 대표적인 의약품이었던 '보혈약(補血藥)'이 전통사회와 중의학에서 다루어진 방식을 살펴보고, 근대 이후 사회의 변화를 겪으며 보혈약에 새롭게 부여된 의미가 무엇이었는지 생각해 보겠다. 나아가 여성의 임신과 출산, 신체 등에 투영된 사회의 가치관과 욕망을 파악해 보려고 한다.

이혈위주(以血爲主)의 여성 질병관과 보혈약의 발달

중국의 가장 오래된 의학서인 『황제내경』에는 남녀의 신체 구분이 없었고 여성에 대해서도 임신, 출산과 같은 생식기능을 특별히 강조하지 않았다. 그런데 송대 이후 의학 체계에 변화가 나타나면서 부인과(婦科)가 독립된 분야로 발전하였고 의학자들의 여성 신체관에도 변화가 나타나면서 여성의 질병과 신체에 특별한 의미를 부여하기 시작했다. 예를 들어 송대의 대표적인 의학가 진자명(陳自明)은 부인과 질병을 다루는 일종의 백과전서인『부인양방대전(婦人大全良方)』등을 편찬하여 부인과를 발전시켰고 이후 의학자들에게 많은 영향을 미쳤다. 진자명은 "의학은 어렵고 여성의 질병을 치료하는 부인과는 더욱 어려우며, 부인과의 모든 단계는 위험한 것이다"라고 부인과의 특수성과 여성 질병 치료의 어려움을 강조하는 말을 남기기도 하였다.

송대의 의학자들이 여성의 신체를 남성과 다르다고 보는 이유는 여성의 몸은 남성과는 달리 음(陰)이 결집되고 혈(血)이 주(主)가 되며(以血爲主) 생리적으로 불안정하다고 보았기 때문이다. 여성의 신체는 쉽게 평형을 잃고 허약하며 병을 앓는 상태에 빠진다고 보았던 것이다. 예를 들어 진자명은『부인양방대전』에서 여성의 건강과 혈(血)의 관계에 대해 다음처럼 이야기하였다.

남성은 기(氣)를 조절하고 여성은 혈(血)을 조절한다. 혈기는 생명을 이루는 근본물질로 반드시 조심해서 다루어야 한다. 부인은 혈(血)이 주가 되니 기혈기능이 정상일때 정신(神)도 맑다. 만약 (여성의) 혈이 막히지 않으면 기는 곧 조화로울 것이고 혈이 응고되면 병을 일으킬 것이다.

남송대 의사 양사영(楊士瀛) 역시 비슷한 생각을 하고 있었다.

> 남녀는 기혈을 모두 가지고 있으나 사람들이 부인은 혈이 주가 된다고 하는 것은 어째서인가? 여성이 신체에서 혈(血)은 기(氣)를 이기기 때문이다. … 혈은 위로는 유즙이 되고 아래로는 월경이 되며 (남성의)정기와 합하여 아이가 잉태된다.

이처럼 의학자들이 여성의 신체에서 혈을 필수적이고 신체를 조절하는 중요한 물질로 보았기 때문에 송대의 의사들은 혈이 임신과 출산뿐만 아니라 여성의 질병과도 깊은 관련이 있다고 생각했다. 특히 송대 부인과에서는 월경을 주목하며 여성의 전체적인 건강을 판단하는 표지로 삼았고, 생리불순과 같이 월경에 나타나는 문제는 여성 질병과 직결된다고 보았다. 의학가 진자명은 "부인을 검사할 때는 먼저 월경을 조사하는 것을 기본으로 해야 한다"고 하였다. 또한 여성의 신체는 남성과 다르기 때문에 여성의 질병 또한 남성과 다른 방식으로 치료해야 한다고 보았다.

여성은 혈이 주가 되며 남성의 신체와 다르게 진단해야 한다는 관념에는 시대가 진전되면서 변화가 나타났다. 금(金)·원(元) 시기를 거쳐 명·청대의 의학자들은 여성과 남성의 신체가 근본적으로 다르거나 질병의 치료 방법을 달리해야 한다는 생각에서 벗어나기 시작한 것이다. 이 시기에는 "여성의 여러 질병은 본래 남자와 다르지 않다"는 남녀동치(男女同治)의 이론이 정립되었고, 여성의 모든 질병을 남성과 달리 치료해야 한다고 규정하였던 부인과(婦科)의 내용에도 변화가 나타났다. 여성과 남성의 치료가 다르지 않다고 여기게 되었고, 다른 것은 여성이 유일하게 남성과 다른 부분인 임신과 출산을 중심으로 내용이 축소된 것이다. 예를 들어 명대의 의학자 장개빈(張介賓)은 『경악전서·부인규』에서 "여성의 여러 가지 질병은 본래 남자의 질병과 다르지 않다. 다른 것은 오직 월경(經水)과 임신·출산(胎産)과 관련된 것이다"라고 하였다.

그러나 남성과 여성의 신체와 치료법은 다르지 않다는 남녀동치(男女同治)의 신체관이 정립된 이후에도 의학자들 사이에서는 "여성은 혈이 주가 된다"는 관념이 계속 남아 있었다. 각종 생리 질환이나 불임, 난산 등의 문제를 설명할 때 혈(血)의 불균형과 이상이 원인이 된다고 생각한 것이다. 예를 들어 여성이 오랫동안 임신을 하지 못할 때에는 혈(血)이 부족하기 때문으로 보았다. 명대 의학자 대사공(戴思恭)은 여성의 불임에 대해 다음처럼 말하였다. "부인은 혈(血) 주가 되니 혈(血)이 쇠하면 기(氣)가 왕성해도 아이를 낳을 수 없다." 청대에도 이러한 관념은 지속되었다. 청대의 유명한 의학자 엽천사(葉天士) 역시 부인과 질환을 혈(血)을 중심으로 설명하였다. "여성은 혈(血)이 주가 된다. 혈은 간(肝)에 있는데 간혈이 적으면 간의 기가 정체되어 산하(疝瘕: 습열(濕熱)로 인해 아랫배에 열이 차는 듯하면서 통증이 있고 흰 점액이 요도로 흘러나오는 증상)가 생긴다." 즉 명대 이후에는 여성의 질병을 다루는 부인과(婦科)가 임신, 출산, 불임 등 생식과 관련된 질환을 중심으로 재편되면서 주로 그 원인을 전통적인 혈(血)의 상실, 혈의 부족과 관련짓게 되었다.

이러한 사고방식은 질병을 치료하는 중의학의 처방전과 의약품에도 반영되어 여성의 임신, 출산과 관련된 약은 대개 혈의 균형을 조절하는 약이나 혈을 보충하는 약이 발달하게 되었다. 중국의 의학사 연구자 양루웨이(楊璐瑋)는 중의학의 의학서를 분석하며 명청 시대부터 1950년대까지의 중국사회에서 여성의 '산통(産痛)'이 내포하는 의미와 이를 둘러싼 사회 변화를 연구했다. 그는 부인과 의서에서 임신, 출산, 산후에 나타나는 여성의 신체 통증을 완화시키는 다양한 처방이 존재하고 있다는 것을 확인하였다. 이때 산통을 완화시키는 처방에도 혈은 주요한 원리로 등장했다. 산통의 원인과 처방은 다양하지만 근본적으로 여성의 혈(血)이 문제가 되었고 이를 보완하거나 조절하는 방법이 사용되었던 것이다. 예를 들어 중의학에서는 임신기간에 나타나는 통증을 태기가 불안정하여 일어난다고 보았고, 더 근본적인 원인은 혈이 부족(血少)하기 때문이라고 보았다. 산모가 적합하지 않은 음식을 먹거나 약을 과도하게 먹어도 혈과 기가 상하게 된다고 하였다. 의서에서는 여성의 출산을 돕고 통증을 경감시키기 위해 기혈의 균형을 찾는 처방을 내렸는데, 이 때 약의 이름은 다양하지만 성분은 대체로 자소(紫蘇), 천궁(川芎), 당귀(當歸) 등 통증을 완화하는 약재들이었다.

또한 출산 후 여성의 신체 통증을 완화하는 처방도 있었다. 출산 후에 여성 신체는 원기(元氣)가 손상되고 기혈이 텅 비게(空虛) 되기 때문에 두통, 사지통증, 열통, 복부통증 등 다양한 통증과 함께 갖가지 병이 나타나게 되고 그 치료는 자연히 기혈을 보완하여 통증을 완화하는 처방이 사용되었다. 출산 시 발생하는 위급한 상황에는 분만촉진제가 쓰이기도 하였다. 일반적으로 부인과 의서에서는 다양한 난산의 상황을 기혈이 원활하지 않아서(氣血不暢)라고 보았고, 기혈을 조정하고 보완하여 원활하게 하는 처방을 하였다.(楊璐瑋, pp.22-24)

중의학 부인과 의서에는 출산을 촉진하는 처방전도 존재했다. 그중 흔히 쓰이는 분만촉진제는 '호박산(琥珀散)', '최생탕(催生湯)' 등이 있었고, 민간에서 쓰이는 다양한 촉진제가 있었던 것으로 보인다. 명청시대에 유행했던 대표적인 출산 지침서인 『달생편(達生編)』에서는 이러한 출산 촉진제가 광범위하게 쓰였음을 알 수 있다. 『달생편(達生編)』은 당시 많은 가정에서 함부로 출산촉진제를 사용하는 것을 경계하면서 다음처럼 이야기하였다.(亟齋居士, 『達生編』, p.104)

분만시에 효능 있는 약이 있는데 복용해도 되는가? 안 된다. 옛날의 기이한 처방은 '쥐의 신장으로 만든 환(鼠腎丸)', '토끼의 뇌로 만든 환(兔腦丸)'만 한 것이 없었다. 요즘에 성행하는 것으로는 회생단(回生丹)만한 것이 없다. 그 약이 효험이 없어 쓰지 말라는 것이 아니라 쓸 필요가 없기 때문이다. 힘을 주지 않고, 손을 쓰지도 않고, 또한 잠자는 방법을 도와주면 아이가 스스로 나올 수 있는데, 어찌 약을 쓸 필요가 있겠는가? 설령 순조롭지 않더라도, 잠을 자는 것이 상책이다.

『달생편』과 같은 명청시대 출산 지침서는 출산 시 여성의 진통을 자연스러운 것으로 여기면서, 산모가 진통을 견디고 제 때 힘을 주면 "오이가 익으면 저절로 꼭지가 떨어지는 것(瓜熟蒂落)"처럼 순산할 수 있다고 보았다.

특히 이러한 지침을 지지했던 남성 의학가들은 산모가 출산시 함부로 촉진제를 먹는 것을 반대하였다.(유연실, 2015)『달생편』의 저자와 남성의학가들이 서신환(鼠腎丸), 토뇌환(兎腦丸), 회생단(回生丹)과 같은 촉진제를 사용하지 말라고 한 것은 이러한 약이 부작용을 초래한다고 보기 때문이었다. 바로 이러한 약은 오히려 산모의 기혈을 손상시켜 출산을 방해하거나 산모를 위험에 빠트린다고 보았다. 대신『달생편』은 '가미궁귀탕(加味芎歸湯)'이나 '불수산(佛手散)'과 같은 처방은 혈(血)을 보충해주기 때문에 비교적 안전한 처방이라고 여겼다. 두 처방 모두 천궁과 당귀를 사용하여 어혈을 제거하고 새로운 혈(新血)을 신속히 생겨나게 하기 때문이다.(亞齋居士, p.105.) 실제로 극재거사는『달생편』에서 가미궁귀탕(加味芎歸湯), 불수산(佛手散)을 사용해 난산을 해결하고 산모의 몸을 해치지 않으며 사산아를 나오게 한 사례를 소개하기도 하였다. 또한「방약(方藥)」편에서는 가미궁귀탕, 불수산 외에도 출산 시 유용하게 사용하는 처방약을 설명하였다.(표1) 그 중 가장 빈번하게 포함된 당귀는 어혈의 제거와 새로운 혈(血)의 생성에 도움이 되는 약재로 알려져 명청대에는 여성의 각종 병을 치료하는 "성약(聖藥)"으로 숭상되었다. 즉 출산과 관련된 약재와 약이 여성의 혈허(血虛), 혈소(血少)를 보완하는 성질을 가지고 있었다.

명청대 중국의 도시 약국에서는 판매하는 약품 목록을 '약목(藥目)'이라는 책으로 출판했는데, 이러한 약목의 매약(賣藥)들은 월경불순, 난임, 난산, 유산, 자궁탈출(脫垂), 백대하(白帶下)·적대하(赤帶下)와 같은 비정상적 분비물, 우울증 등 다양한 증상을 다루고 있었고, 대개 여성의 기혈(氣血) 문제와 연관이 있었다. 특히 여성의 임신과 출산을 돕는 약은 기본적으로 보혈(補血)의 성격을 띠고 있었다.

예를 들어 청대 항저우(杭州)의 유명한 약국 호경여당(胡慶餘堂)에서는 약목『호경여당환산고단전집』에 부인과(婦科門)의 약 중 임신을 돕는 약을 다음처럼 설명하였다.

> 부보승금단(婦寶勝金丹): 남방의 풍습은 유약하여 부인의 기혈(血氣)이 대개 쇠약하고 월경이 일정하지 않다. 월경 전후에 통증이 있고 안색이 창백하거나 붉다.…(이러한) 부인의 일체 혈휴(血虧)의 병증은 이 약을 먹으면 된다. 이 환은 원기를 기르고 월경을 순조롭게 하고 자궁을 따뜻하게 하여 아이를 임신하고 기를 수 있게 된다.
>
> 종자제음환(種子濟陰丸): 이 약은 기(氣)를 순조롭게 하고 혈(血)을 보(補)하여 월경을 조절하고 음기를 이롭게 하여 자궁을 따뜻하게 하고 결국 아이를 잉태하게 하는 것이다.

즉 중의학에서 여성의 보혈 처방은 '여성은 혈이 주가 된다'는 이론과 관련이 깊었고 임신, 출산과 직결되었기 때문에 약국에서 판매하는 부인과의 매약(買藥)도 보혈의 약이 많았던 것으로 보인다.

근대 의약시장의 보혈약 판매와 광고

청대 중기 이후 중국의 도시에는 상품화된 매약(賣藥)이 등장하였다. 약국에서는 미리 조제한 약(매약)에 상표나 그림을 붙여 판매하기 시작하였고 고객은 약목, 혹은 팜플렛 등 의약품의 광고를 일상에서 접하게 되었다.(최지희, 2021년, pp.249-254) 또한 아편전쟁 이후 개항장에 서양 약국과 약품이 소개되며 곧 의약시장에는 중약(中藥)과 서양약(洋藥)이 혼재되었다. 당시 신문의 광고란은 각종 의약품 광고로 도배되었는데, 자주 등장하는 약으로는 화류병(성병) 치료제, 아편중독 치료제 그리고 자손을 낳기 위한 종자(種子)라는 이름이 붙은 강장제가 있었다.

중국의 약품에서 등장하는 종자(種子)는 아들을 낳아 대를 잇는다는 뜻으로 전종접대(傳宗接代)의 가치관을 반영했다. 예를 들어 상하이(上海)의 서양약국 노덕기약방(老德記藥房)이 판매한 종자강장제를 들 수 있다. 노덕기약방은 1870년대 말 80년대 초부터 중국인을 대상으로 신문 『신보(申報)』에 본격적으로 약품을 광고하였는데, 그중 자손을 많이 얻을 수 있는 종자(種子)약이 자주 등장했다.

> 부양종자주(扶陽種子酒): 대개 양분(陽分)이 부족한 자는 필시 발기부진(阳萎不振)하고 정액이 함부로 분비(見色流精)된다. 이 부양종자주를 마시면 곧 효과가 있을 것이다. (『申報』, 1882년 12월 20일, p.7)

부원종자환(扶原種子丸): 사람의 허약함에는 음양의 다름이 있으니 양이 부족한데 음을 보하면 무익할 뿐만 아니라 해가 될 것이다. 이 약은 음양을 막론하고 허함에 관련되니 먹으면 효과가 있다.

종자곤순환(種子坤順丸): 후사가 없는 것은 곧 통탄할 일이다. 지금 이 환을 먹고 아들을 얻으면 슬하에 기쁨이 있을 것이다. 오래동안 임신을 하지 않아 자궁이 냉골인 부인이 약을 먹으면 반드시 월경불순과 백대하가 나을 것이니 이것을 곤순(坤順)이라 하는 것이다.(『申報』, 1883년 11월 26일, p.9)

이러한 종자(種子)류의 약은 남성 혹은 여성, 혹은 남녀 모두에게 쓸 수 있었다. 그런데 남성을 대상으로 하는 경우 단순히 난임을 치료한다는 의미보다 대를 잇는다는 의미가 강조되었고 정력제·강장제로서 효과를 설명하는 경우가 많았다. 반면 여성을 대상으로 할 때는 월경불순을 치료하고 자궁을 보호하고 혈을 보충하는 보혈제의 의미를 강조했다.

천보재(天寶齊) 약국의 광고에서도 남성을 대상으로 하는 강장제와 여성을 대상으로 하는 약의 보혈작용을 설명하였다.

근래 각 신문(日報)에서 상해 이마로(二馬路) 정신리(鼎新里)의 천보재(天寶齊)에 부양종자연경환(扶陽種子衍慶丸)이라는 약은 남자의 발기부전과 정액부족(陽痿精衰)을 치료하고, 부인과의 속사강생단(續嗣降生丹)은 여성의 생육(生育)에 전능하여 규방의 처녀와 과부도 이 약을 먹고 아이를 낳을 정도라는 기사를 보았다. 이에 어떤 부부가 함께 약을 구매하여 먹자 과연 잇달아 기골이 장대

한 세 명의 아들을 낳았다…또한 연경환을 먹은 뒤로 정신(精神)이 강건하
고… 성기능이 왕성해져 첩들도 강생단(降生丹)을 먹은 후 월경이 순조롭고
몸이 좋아져 쉽게 임신을 하였다.(『申報』, 1908년 3월 24일, p.17)

즉 광고에 등장하는 부부는 후사를 잇는다는 목적은 같으나 남성은 성
기능 향상에 초점을 맞춘 부양종자연경환(枎陽種子衍慶丸)이라는 강장제와
연결되고, 여성은 보혈과 월경조절에 초점을 맞춘 속사강생단(續嗣降生丹)과
연결되었다. 이처럼 후사를 잇기 위한 강장제나 여성의 임신을 돕는 보혈
제가 광고에 자주 등장했던 것은 당시 사회에서 사내아이를 낳아 대를 잇
는 전종접대(傳宗接代)가 여전히 중요한 일이었음을 보여준다. 특히 노덕기
약방과 같이 양약을 파는 서양약국이 직접적으로 '후사'를 언급하며 "후사
가 없다는 것은 통탄할 일이다(爲人乏嗣, 乃天地大限之事)"라는 표현을 사용한 것
은, 중국인에게 익숙한 방식으로 서양약품을 광고하려는 시도이며 중국
사회의 관심을 반영한 것으로 보인다.

그런데 이 시기 중국의 의약시장에는 후사를 잇기 위한 전종접대 외에
강종(强種)과 종족보존이라는 새로운 가치가 등장하였다. 아편전쟁 이후 중
국사회는 '동아시아의 병자' 즉 '동아병부(東亞病夫)'라는 트라우마에 시달렸
다. 중국인은 아편에 찌들고 무기력할 뿐만 아니라 서양인에 비해 나약한
신체를 가졌다는 자책이었다. 당시 중국사회에서는 이러한 동아병부를
극복하기 위해서 중국인의 신체를 강한 신체로 개량해야 한다는 주장이
호응을 얻었고, 종족을 개량하는 강종(强種)과 우수한 유전자를 보존하자

는 종족보존(保種)의 방법을 고민하게 되었다. 이러한 변화에 영향을 받아 당시 매약광고에도 강종(强種)의 논리가 영향을 미치게 되었다. 예를 들어 1906년『신문보(新聞報)』'종족양생액(種族養生液)' 광고는 약을 만들게 된 이유를 중국의 강종(强種)을 위해서라고 설명했다.

> 감히 이익을 탐하기 위해서가 아니라 시국을 걱정하여⋯⋯나라가 침체된 것은 종족이 강하지 않아서라고 생각한다⋯⋯이 약을 우리 사억 동포가 먹어 모두 기혈이 왕성해지고 종족이 강해진다면(强種) 어찌 수년 후 백인종과 세계에서 경쟁하지 못하겠는가? 이것이 바로 내가 바라는 바이다. (『新聞報』, 1905년 5월 19일)

종족 개량과 강종(强種)을 이루기 위해 중요한 것은 여성의 건강한 신체와 건강한 출산이었다. 때문에 강종(强種)의 이름이 붙은 약 중에는 남성의 강장제 및 여성의 임신과 출산과 관련된 것이 많았다. 일종의 강장제인 상해 중영대약방(中英大藥房)의 강종정혈환(强種精血丸)이나 환삼대약방(丸三大藥房)의 강종보혈백세환(强種補血百歲丸) 등은 남녀노소에게 좋고 각종 질병을 치료한다고 광고되었다. 특히 강종정혈환은 일종의 보혈제이기도 한데, 이 약이 정혈(精血)을 보충해주기 때문에 남성의 발기부전이나 여성의 난임과 월경불순을 치료할 수 있다고 소개되었다.(『申報』, 1915년 10월 19일, p.8;『申報』, 1911년 8월 1일, p.30)

이러한 강종(强種) 매약광고의 논리는 약이 신체의 변화를 넘어서 중국인의 정신 개조를 가능하게 한다는 것을 의미하기도 한다. 약을 먹고 병을 없애 강종이 되면 개인의 전종접대를 넘어서 중국인의 나약한 신체와 정신을 강하게 만들며 결국 중국이 부강하게 된다는 논리이다. "강종지보자강환(强種之寶自强丸)" 및 기타 다양한 매약 광고에서도 중국인의 나약한 신체를 강종으로 만들기 위해 약을 먹어야 한다고 노골적으로 설득하였다.

현재 세계는 날로 문명에 도달하고 갖가지 유신을 꾀하니 사람의 지력이 이와 함께 진보한다. 강자는 승리하고 약자는 패하는 것(은 자연스러운 이치이다). 종족 간의 경쟁이 날로 심해지니⋯⋯자강(自强)하지 않으면 안되는 때에 놓였다. 개인의 자강뿐만 아니라 모두가 자강의 정신을 가져야 비로소 자강할 수 있다. 그러나 우리 중국 동포는 (신체가) 나약한 자가 많아 자강의 정신을 갖고자 한다면 반드시 영험한 약을 먹고 정신과 기력을 보충하여야 한다. (『申報』, 1909년 5월 19일)

현재 가장 긴급하고 중요하게 도모해야 할 것은 무엇보다 강종(强種)이다. 강종을 위해서는 먼저 위생(衛生)을 이루어야 하고, 위생을 이루려면 먼저 병을 없애야 한다. 육체의 건강과 높은 지력(腦力), 지혜를 갖춘 신 국민을 얻고자 하다면 먼저 부모의 양육이 우선되어야 한다. 본 약국(藥局)은 (나라를) 이롭게 하고 도우려는 마음에서 약을 만들었다.⋯ (약국의) 종자연경환, 종자연경주 및 부과에서 영약으로 손꼽히는 강생단(降生丹)은⋯위생에 도움이 되고 자손을 원하는 자는 회임하게 하여⋯ 건강한 신국민을 만드는 묘약이다. (『時

報』"동포주의!" 1909년 11월 17일)

강종의 논리는 여성에게도 대를 잇는 전종접대(傳宗接代) 외에 새로운 의
무를 부여하였고 여성의 신체는 또 다른 중요한 의미를 갖게 되었다. 여성
의 신체는 개인과 가정의 전종접대를 넘어서 건강한 중국인을 재생산하
여 부국강병, 강종을 이루는 장소가 되었고, 여성은 가정뿐만 아니라 국가,
민족을 위한 생식, 출산의 의무를 지게 되었다. 그 결과 전족에서 해방되는
천족(天足)운동이 일어나는 등 여성의 신체는 자유를 맛보았으나, 동시에
질병의 치료, 임신, 출산에서 국가와 의학의 관리를 받아야 하는 대상이 되
었다. 또한 여성은 근대식의 교육을 받고 서양의 산과 지식을 받아들여 국
가의 미래인 건강하고 똑똑한 아이를 생산하는 훌륭한 '어머니'가 되어야
했다(趙婧, 2009년, 2013년). 중국사회가 마주한 강종(強種)이라는 새로운 가치는
여성을 대상으로 하는 보혈약품의 광고에도 영향을 미치게 되었다.

임신과 출산의 성약(聖藥)- '월월홍'과 '여계보', '월광철환'

상하이의 오주대약방(五洲大藥房, 혹은 五洲藥房)은 1907년 중국인 사아당(謝雅
堂), 황초구(黃楚九) 등이 창립한 약국으로, 대표적인 중국인(華人) 약국이었다.
이 약국에서는 중국의 전통적인 약과 더불어 서양식의 매약을 개발하여
만들어서 판매하였는데, 여성을 위한 보혈약도 포함되었다. 오주대약방에

오주대약방(五洲大藥房)의 여계보(女界寶), 월월홍(月月紅)
광고. 출처:『申報』1939년 8월 12일

서 판매한 대표적인 여성보혈약은 월월홍(月月紅)과 여계보(女界寶)라는 약이
다. 월월홍은 오주대약방이 처음 개업할 때부터 주력상품으로 판매했고
여성의 월경불순을 치료하는 약으로 알려졌다. 이 때 월월홍 광고에서는
전통적인 중의 이론을 들어 약의 효과를 설명하였다.

　　부녀의 경수(經水)는 달마다 정기적이어서 월경이라고 한다. 그러나 세상
의 여성은 늘 피로하고 연약하여 간울내상(肝鬱內傷)이 혈액에 닿아 정상적인

주기를 상실하게 되고 월경이 한달 혹은 여러 달이 되어도 나오지 않게 된다… 여성이 이 증상을 앓으면 생육(生育)에 문제가 생길 뿐만 아니라 혈붕, 간혈 등의 여러 증상이 함께 일어나 생명 또한 보전하지 못하게 된다.(『時報』, 「月月紅」1908년 3월 14일)

월월홍과 함께 광고에 자주 등장했던 오주대약방의 또 다른 보혈약은 여성의 보물 혹은 보약 여계보(女界寶)이다. 여계보는 1910년에 처음 소개되기 시작하였고 체질허약, 월경불순, 적대백대, 생리통, 월경부족, 난산, 유산 등 다방면에 효과가 있다고 광고되었다.(郭燕, 2020, p.25)

월경 조절과 종자(種子)의 약은 시중에 이미 많으나 본 약방이 발행하는 여계보 환약만이 효과가 훌륭하다. 여계보는 자음보허(滋陰補虛), 영양신혈(榮養新血), 장건자궁(壯健子宮)의 효과가 있고 병이 없을 때에도 복용하면 정신을 활발하게 하고 음식량을 증가시키고, 모든 월경의 냉(冷)과 통증의 증상이 다시 발생하지 않게 한다. 병이 있으면 낫게 하고 병이 없으면 양생을 돕는 여계(女界) 중의 더없는 보배이다. …여계보를 복용하여 신체를 건강하게 만들면 자연히 아이를 얻기도 용이하다.(『申報』「女界之寶」1916년 12월 8일)

이러한 월월홍과 여계보의 광고는 중의의 보혈약과 흡사하며 간울내상(肝鬱內傷), 자음보허(滋陰補虛) 등 중의 이론을 들어 설명하였다. 또한 이런 광고에는 '이 약을 먹고 신체가 건강하면 아들을 얻게 된다', '후사가 번성하게 된다'라는 전종접대, 종자(種子)의 욕망이 자주 반영되었다.

중법대약방(中法大藥房)도 오주대약방처럼 중국상인이 설립한 약국이었고 중의 이론 및 서양의학의 이론을 모방하여 새로운 약을 개발하여 판매하였다. 이 약국에서 판매한 대표적인 여성 보혈약은 월광철환(月光鐵丸)인데 먼저 이 약국이 판매했던 남성용 일광철환(日光鐵丸)이 성공을 거두자 새로 개발되어 나온 것이었다.(郭燕, 2020, p.26.) 월광철환은 일종의 철분제 약으로 여성의 생리불순과 대하, 태기 불안정, 기혈부족, 황달과 마름, 역아, 혈붕혈루, 산후 오로(惡露), 어지러움, 자궁의 질병 등에 효과가 있다고 소개되었다.

월광철환의 광고에서는 서양 여성과 중국 여성을 비교하며 특히 중국의 현실을 반영하고 중국의 여성을 고려하였다는 내용이 나타난다. 중국의 여성이 각종 질환에 시달리고 몸이 약하며 특히 난임이 많은 이유에 대해 광고에서는 서양 여성의 신체가 건강한 이유에 대해 설명했다.

미국과 유럽의 각국 여성은 어릴 때부터 학교에 다니고, 체조를 익히고, 잠을 자고 먹는 데 질서가 있다. 성인이 된 후에는 생리학이나 위생서를 읽지 않은 사람이 없고, 비록 교육이 미흡한 지역에서도 학문을 접하지 못한 여성은 거의 없다.(『申報』「月光鐵丸」1908년 4월 24일)

첫째, 중국의 여성은 교육받은 수준이 낮고 위생의식도 낮다. 때문에 신체가 허약하고 얼굴에는 혈색이 없고 두통, 요산, 요통, 월경불순 등에 시달

天津晉信洋行李桐生君日月光鐵丸
謝函幷夫婦愈疾後玉照

中法大藥房主人閣下敬啓者僕在津門晉信洋行執業已歷有年行中職務繁冗加以往來口外及東省一帶飽受風霜殊形勞頓以致家人虛弱精神將至延醫調治藥費共糜十日光鐵諸藥佩服之先實病至延醫調治藥費共糜十日光鐵丸一月餘打筆諸藥佩服之力難後至藥房共糜十日光鐵諸藥費

九治失疾柳且神采煥發因令服日月光鐵丸幾若原女界患疾謂無過於此僕夫婦無以爲報竟幸復西人投藥癰謂無過於此僕夫婦無以爲報二紙諸援及刊入證書之需惟字句簡俚尚希貴藥以備登報及刊入證書之需惟字句簡俚尚希貴

房酌爲荷專此布臆諸惟惠察不宣

李桐生頓首

天津晉信洋行掌櫃李桐生君津郡之商業偉人也事業之廣交遊之多名譽之隆爲商界所稱道近與其夫人服本藥房日月光鐵丸愈疾承以華翰並玉照賜謝合亟刊諸報端以誌盛情本藥房犕與有榮焉

上海中法大藥房附誌

일광철환, 월광철환을 먹고 잇달아 아들을 얻은 부부의 감사 편지.
출처: 『申報』 1910년 10월 17일

린다. 둘째, 중국은 아직 개명되지 않아 여성은 자신의 은밀한 병을 의사에게 숨기는 경향이 있다. 일부 개명한 부인이 의사를 찾아가고자 해도 중국의 현재 의료 수준에서 이러한 병을 치료하는 의사 또한 부족하다. 셋째, 여성이 자궁질병에 걸리면 평생 앓게 되니 빨리 치료하여 큰 병으로 키우지 않아야 한다. 넷째, 현재 중국은 각지의 경제 사정과 상황이 달라 연해지역 도시에는 비교적 훌륭한 서양의사들이 있으나 내륙과 시골에는 (이러한) 의사가 거의 없다. (『時報』「月光鐵丸」 1908년 4월 6일)

즉, 서양 여성에 비해 중국의 여성은 교육, 위생의 질이 낮기 때문에 몸이 허약하며 중국의 상황에서 이러한 질병을 치료할 의사를 찾기 힘든 점을 고려하여 중법대약방이 특별히 월광철환을 만들게 되었다는 것이다. 이러한 설명은 월광철환과 같은 약을 먹고 건강해져 임신과 출산에 도움을 받고, 나아가 건강한 아이를 낳아 부강한 중국을 만들게 된다는 강종, 종족 개량의 논리로 이어지게 되었다.

여계보, 월월홍의 광고에서도 여성의 임신과 출산을 돕고 몸을 건강하게 만드는 보혈약이 곧 중국을 강종으로 만들 수 있다고 주장하였다.

근래에 비록 풍조가 개화되고 있으나 여학(女學)은 아직 보급되지 않아 어린 여자아이들은 체육이 낯설고 성인은 위생(衛生)에 어둡다. …'국민이란 국가의 주인이며 여성은 국민의 어머니이다.' 만약 여성이 자유를 잃는 것을 좌시한다면 미래의 주인은 어떻게 양육되고 교육을 받는다는 말인가? 약국은 사람을 치료할 뿐만 아니라 나라를 치료하는 것과 같아 책임이 무거우니 가만히 보고 있을 수는 없다. 이에 본 약국은 여계보, 월월홍의 약을 여성들에게 주어 자유를 고취하는 것이다. 약을 판매한 이래 여성계의 큰 환영을 받았고 중국의 여성들은 또한 이 약으로 인해 행복을 얻었다. 원하건대 여성들이 국민의 어머니로서 완전무결하게 되고 중국이 부강의 기초를 도모하며 날로 강해지기를 바란다. (『時報』1908년 8월 21일)

이상의 월월홍, 여계보, 월광철환 등의 보혈약은 주로 중국 상인들의 약국에서 개발, 판매되었고, 중서의 혼합 약품으로 소개되는 경우가 많았다. 광고에서는 중의 이론을 바탕으로 약의 효능을 설명하면서도 '과학적', '화학 추출'법을 사용하여 약을 제조하였음을 강조하기도 했다. 또는 여성이 겪는 여러 증상과 불임, 난산 등을 '자궁질병'이라는 병명으로 설명하기도 하였다. 보통 중의에서는 부인병을 '혈(血)의 부족함'으로 이해하고 '자궁의 질병'이 원인이 된다고 이야기하지 않기 때문에 '자궁병'이라는 표현은 서양의학의 영향을 받은 것으로 보인다. 즉 당시 보혈약 광고는 중의와 양의 이론을 적절히 혼합하여 광고 효과를 극대화한 측면이 있다.

외국 보혈약의 수입과 여성들의 목소리

한편, 당시 의약시장에는 외국의 '보혈약'이 직접 수입되기도 했다. 대표적으로 Dr. Williams의 Pink Pills이 있었는데 중국에서는 '윌리엄스 의사의 빨간 약(韋廉士醫生紅色補丸)'으로 번역되어 신문광고에 등장했다. 이 약은 여성의 창백함과 우울, 불임의 치료제로 1890년에서 1930년대까지 82개국에서 널리 판매되었다.(Tina Phillips Johnson, 2011, pp.42-46)

중국에서도 '윌리엄스 의사의 빨간 약(韋廉士醫生紅色補丸)'은 각종 여성질환과 불임의 치료제로 소개되었다. 신문에는 이 약을 먹고 아들을 낳았다는 식의 남성독자의 감사편지가 실리기도 했는데(『申報』, 1907년 11월 15일), 당시 중국신문에는 불임을 겪는 부인의 남편이 이러한 감사편지를 보내왔다는 광고가 흔했으며, 약국은 남편에게 여성들의 질병 증상은 어떻게 알아차리는지, 어떻게 이런 약으로 치료할 수 있는지 조언해주기도 했다.

중국에 소개된 또 다른 여성 보혈약으로는 일본에서 개발한 중장탕(中將湯:주조토)이 있었다. 중장탕은 1893년 4월 쓰무라준텐도(津村順天堂)에서 대대로 가문에 전해진 여성용 탕약을 개량하여 만든 약이었다. 이 약은 일본에서 '주조토'라는 이름으로 판매되었고 주로 '자궁병, 혈도(血道), 월경, 기타 증상' 등의 부인병에 탁월하다고 소개되었다(박삼헌, 2018). 주조토는 곧 중국에도 소개되어 동아공사서약방(東亞公司書藥房)에서 대리판매하였다.

중장탕 광고에서도 중장탕의 효과를 보고 자식을 얻었다는 남성들의 감사편지가 등장하는데 '윌리엄스 의사의 빨간 약'처럼 '여성의 모든 병에 영험하며 부부가 오랫동안 자식이 없다가 부인이 이 약을 먹고 아들을 낳게 되었다'는 내용이다. 초기에는 주로 이러한 남성 독자들의 편지가 대부분이었으나, 아래의 신문기사처럼 이 약을 먹고 아이를 갖게 되었다는 감

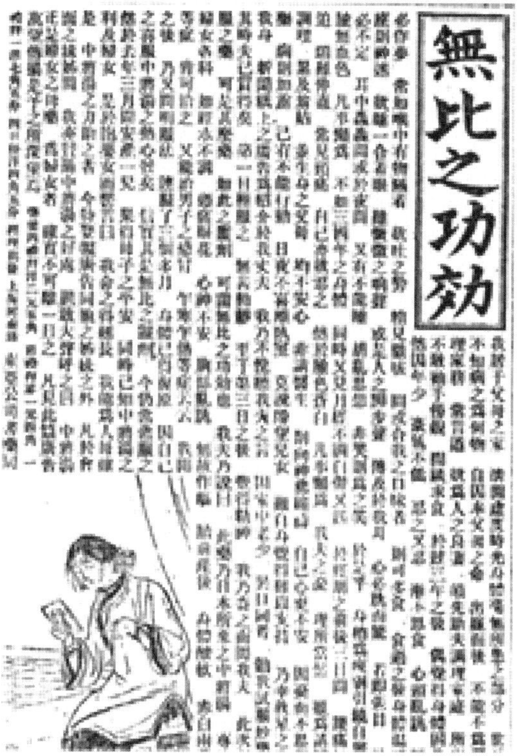

중장탕의 끝이 없는 약효. 출처: 『申報』 1918년 2월 15일

사 편지가 여성의 직접적인 목소리를 빌어 등장하기도 했다.(그림 '중장탕의 끝이 없는 약효') 이 여성은 부모님의 명에 따라 결혼을 했고 좋은 아내가 되고 싶었으나 오랫동안 아이가 생기지 않았다. 게다가 월경불순, 우울, 두통, 무력감 등이 갈수록 심해져 부부 사이의 관계도 소원해졌다. 그러다가 신문에서 중장탕의 광고를 접하고 복용한 뒤 삼일 만에 효과를 보기 시작했고 작년에는 드디어 건강한 사내아이를 낳아서 어머니가 된 기쁨을 누리고 있다는 내용이었다.

물론 이러한 독자의 감사편지는 당시 신문광고에서 자주 출현했던 형식으로, 대개 약국이 홍보를 위해 거짓으로 조작된 편지를 게재하는 경우가 대부분이었다(張仲民, 2016). 다만 편지를 게재하는 주체가 남성에서 여성으로 변했다는 것은 당시 신문을 접하고 글을 읽을 수 있는 여성이 늘어난 것을 고려했을 가능성이 있다. 중장탕의 광고에서는 점차 여성의 임신과 아이 출산 못지않게 여성의 건강과 미용에 중장탕이 효과가 있다는 내용이 늘어나기 때문이다. 예를 들어 "중장탕의 난소내분비기관 조절 효과로 부녀가 아름다움을 발휘하도록 도울 수 있다(『申報』, 1936년 2월 22일, p.6)"든지 "여성의 신체 건강과 활력"을 되찾아주는 효과가 있다(『申報』, 1937년 5월 29일, p.16)는 표현이 증가하였다.(그림 '여성의 건강과 미', '여성의 건강과 활력') 즉, 보혈약의 광고는 전종접대와 강종 등에 관심이 있던 중국의 남성 혹은 지식인을 주로 대상으로 했지만, 이후 여성의 사회참여와 경제활동이 늘어나는 변화에 따라 여성이 광고의 주체로 등장하며 신체의 활력과 건강, 미용 등의 효과를 선전하는 변화가 나타나는 것으로 보인다.

여성의 건강과 미. 출처 『申報』 1936년 2월 22일
여성의 건강과 활력. 출처 『申報』 1937년 5월 29일

보혈약에 투영된 사회의 가치관과 욕망의 변화

중국 의학에서 부인병을 다루는 분과인 '부과(婦科)'에는 '여성은 혈이 주가 된다'는 개념을 바탕으로 하는 보혈(補血)류의 처방이 많았다. 때문에 이러한 처방을 바탕으로 하는 보혈의 매약이 명·청대 사회에 등장하였다. 이때 보혈약에 투영된 사회의 가치는 여성의 건강과 장수, 양생보다는 '전종접대'였고 여성 자신의 건강보다 건강한 아이의 임신과 출산이 주가 되었다.

청말-민국 시대 이후 서양의학과 의약이 사회에 영향력이 커지는 변화를 겪으면서도 여성의 임신, 출산과 관련된 '보혈'의 개념과 '보혈약'은 여전히 중국 사회에 영향력을 가지고 있었다. 신문의 의약 광고에서는 이러한 보혈약에 여전히 전종접대의 가치가 반영되면서도 '강종(強種)', '종족 개량'과 같은 새로운 가치 및 서양의학, 화학, 과학 등이 차지하는 영향이 커지는 것을 확인할 수 있다. 나아가 광고의 대상이 남성에서 여성 일반으로 확대되면서 보혈약 광고에 신여성의 모습이 등장하고, 여성의 자유가 언급되거나 여성 자신의 건강과 아름다움이 반영되는 변화도 나타났다. 즉 여성의 임신, 출산과 밀접한 관련을 가지는 물질문화인 의약품에는 당시 여성을 바라보는 사회의 가치관이 투영되었고, 사회가 여성에게 바라는 욕망, 동시에 여성 자신이 사회에게 바라는 욕망이 동시에 개입되는 것을 볼 수 있다.

유물로 들여다보는 출생과 성장*

- 국립민속박물관 상설전시관 3《한국인의 일생》 '출생' 전시품을 중심으로

이경효(국립민속박물관 학예연구관)

* 이 글은 국립민속박물관 상설전시관 3 개편(2021.12.28. 개막)을 위해 작성한 패널 및 레이블 원고를 정리한 것이다. 전시된 패널 및 레이블은 박물관표준유물관리시스템의 원자료를 바탕으로 개편 팀원(이경민 학예연구원)의 협조, 박물관 구성원의 감수 과정이 있었다

이경효__ 국립민속박물관 학예연구관. 제주대학교를 졸업하고 이화여자대학교 대학원에서 미술사 석사학위를 받았다. 저서로『제주도의 가마』(태한, 1995), 공저로『제주전통도예』(가시아히, 2000)가 있다.

한국인의 일생

국립민속박물관 상설전시관 3 〈한국인의 일생〉은 조선시대에서 현대에 걸쳐, 한국인이 태어나 죽을 때까지 겪게 되는 주요 과정을 일생의례를 중심으로 전시하고 있다. '한국인의 일생'을 주제로 출생 - 교육 - 성년식 - 관직과 직업 - 혼례와 가족 - 수연례 - 치유 - 상례 - 제례 등 9개의 부별 주제와 '테마 공간'인 놀이로 구성되어 있다. 과거 상설전시관 3의 주제도 '한국인의 일생'이었고 관혼상제를 중심으로 구성되었으나, 조선시대 사대부를 중심으로 전시되어 시대와 계층에 대한 한계가 있었다. 그래서 이번 개편에서는 시대를 현대까지, 계층을 일반인까지 확장함으로써, 시대별 일생 속에 담고 있는 가치체계뿐만 아니라 과거와 현재의 변화상을 느낄 수 있도록 하였다. 오랜 기간 계속되는 주제는 보편성과 특수성을 동시에 띠고 있다. 다시 말하면, 일생의례 중심인 한국인의 일생이라는 주제의 통일성에 시대와 상황에 맞는 유연성이 더해진 전시라고 할 수 있다.

여기서는 한국인의 일생 중 출생에 전시된 유물과 전시자료 중심으로 출생과 성장에 대해서 살펴보고자 한다. 출생의 전시품을 통해 변화상을 확인할 수 있을 뿐만 아니라 그 속에 담고 있는 의미와 시대별 가치체계도 이해할 수 있을 것이다. 전시회의 내용을 자식바라기(祈子), 태몽과 태교, 출산과 산후, 젖먹이기(授乳), 백일, 돌(周歲), 돌잡이(撰周) 등으로 나누어 살펴보겠다.

자식바라기|기자(祈子)

기자(祈子)는 자식을 얻기 위해 기원하는 민간신앙으로, '기자신앙' 또는 '기자 행위'라고도 한다. 오늘날도 자식을 낳는 것은 매우 중요한 일이지만 조선시대에는 아버지에서 아들로 이어지는 가계 계승이 사회적인 관습이었기 때문에 어느 집안에서나 아들 출생을 바라는 마음이 간절하였다. 민간에서는 자식 중에서도 아들을 얻어 무병장수하고 부귀영화를 누리며 살기를 바라는 마음에서 기자 행위를 널리 행하였다. 대부분의 집안에서는 삼신할머니에게 자손번창과 건강한 남자아이의 출산을 기원하였다. 혼인후 오랜 기간 아이가 없으면 아이를 낳게 해달라고 산신·기자석·서낭·부처·칠성 등에 기원하였다. 또한, 특정 음식을 먹으면 아들을 낳을 수 있다는 믿음도 있었는데, 이런 관습은 오늘날까지 이어지고 있다. 아들을 바라는 기자 행위는 유물과 자료를 통해서 잘 드러난다.

〈백동자도(百童子圖)〉는 어린아이들의 천진한 모습을 그린 그림으로, 아들의 출산과 자손의 번창을 기원하는 의미를 담고 있는 길상화(吉祥畵)이다.

'백동자도'로 꾸며진 8폭 병풍에는 수영하며 멱 감기, 닭싸움, 원님 행차하기, 잠자리 잡으며 노는 건강한 아이들이 묘사되어 있다.

아들의 잉태나 자손의 번창을 기원하며 '기자별전'(祈子別錢)이라는 기념화폐를 만들기도 했는데, 동전에는 흔히 '富貴'(부귀), '多男'(다남), '子孫昌盛'(자손창성) 등의 문자가 새겨졌다. '도끼 노리개'는 여성의 옷에 다는 장신구로, 호랑이를 업은 신선 모양과 도끼가 달려 있다. 아들을 바라는 여성은 도끼나 동자상(童子像), 신선(神仙) 등의 상을 몸에 지니고 다녔다. 도끼는 남성을 상징하며 여성들이 이를 몸에 지니고 다니면 아들을 낳을 수 있다는 주술적 의미가 있었다.

결혼한 여성은 자식을 갖기 위해 기자의례(祈子儀禮)를 행하기도 했는데, 이를 기자 치성(祈子致誠)이라고 한다. 치성을 드리는 방법과 치성을 드리는 장소는 다양했다. 오늘날에는 자식을 갖기 위해 주로 병원을 찾지만, 전통 사회에서는 집이나 절, 산중에 있는 산신각, 계곡이나 강변 등의 용왕당, 큰 바위나 고목, 미륵, 남근석 등을 찾아 치성(致誠)을 드렸다.

백동자도 8폭 병풍(百童子圖八幅屛風, 조선 후기)

백동자도병풍 세부사진

기자 별전(祈子別錢, 조선 후기, 정성채 기증)

신선 도끼 노리개(神仙祈子斧珩, 19세기 말)

기자 치성(祈子致誠, 20세기 중반 이후, 출처: 한국민속대백과사전)

태몽(胎夢)과 태교(胎敎)

우리나라에서는 예로부터 특별한 상징물이 등장하는 꿈을 꾸면 임신할 징조로 여겼고 상징물의 해석을 통하여 태아의 성별과 아이의 미래 운명을 예측하였다. 상징물은 천체(天體; 해·달·별), 동식물(용·호랑이·돼지·복숭아·잉어 등), 자연물(산·바위) 등 매우 다양하다. 태몽은 아이를 낳을 어머니가 주로 꾸지만, 남편이나 주변 사람이 대신 꾸기도 한다. 아이의 성별과 장래를 예측하는 행동에는 아이의 밝은 미래를 소망하는 가족의 염원이 담겨 있다.

아울러 아이를 임신한 여성은 말과 행동을 함부로 하지 않았다. 임신한 여성의 몸과 마음가짐이 태아에게 영향을 준다는 인식 때문이다. 이러한 사고방식에 바탕을 둔 '태교'는 예로부터 지금까지 중요하게 강조되고 있다. 아이를 품은 여성이 좋은 것을 보고 듣고, 아이를 위해 좋지 않은 음식을 피하며, 올바른 행동을 하는 등 임신 중 여성의 모든 행동이 태교와 연관되어 있었다. 나아가 아이 아버지의 태도[父性胎敎] 또한 태교에 영향을 준다고 여겼다. 여기에는 여러 가지 사회적 금기와 도덕 가치관이 포함되어 있었다. 무엇보다 태교는 예나 지금이나 아이가 뱃속에서부터 좋은 것을 배워 건강하고 온전한 아이로 태어나기를 바라는 마음이 반영된 행동이라고 할 수 있다.

과거 사람들이 어떻게 태교를 했으며 어떤 것을 강조했는지에 대해서는 아동교육 도서인 『소학언해(小學諺解)』와 태교지침서 『태교신기(胎敎新記)』를 통해 확인할 수 있다. 『소학언해』는 주자의 '소학'을 한글로 풀어쓴 책으로서 조선 선조 시기에 편찬된 아동교육 교재이다. '입교'(立敎), '명륜'(明倫), '경신'(敬身) 등 주로 일상생활의 예의범절과 수양을 위한 격언, 충신·효자의 이야기로 이루어져 있는데 그중 '입교'에는 태어날 아이의 훌륭한 기질을 위해 태교와 부덕(婦德) 있는 부모의 신중함이 필요하다는 내용을 담고 있다.

『여전(女傳)』에 이르기를 "자식을 가진 임산부는 잠을 자도 몸을 옆으로 늦지 않으며, 자리에 앉아도 가장자리에 앉지 않는다. 몸을 세워도 비딱하게 몸을 기울며 서지 않는다. 이상한 맛이 나는 음식은 먹지 않으며 맛좋은 음식이라도 떳떳하지 않으면 먹지 않는다. 편안한 자리라도 정당하지 않으면 앉지 않는다. 눈으로는 나쁘고 궂은 것들을 보지 않는다. 귀로는 음란한 소리를 듣지 않는다. 밤이 되면 고요한 마음으로 소경으로 하여금『시경(詩經)』같은 좋은 글을 외게 하여 들으며 공정한 일들을 묵상한다." 이렇게 하여 자식을 낳을 것 같으면 용모가 단정하고 재주 또한 다른 사람들보다 뛰어나리라. (女傳曰 "婦人妊子 寢不側 坐不邊 立不食邪味 割不正不食 席不正不坐 目不視邪色 耳不聽淫聲 夜則令誦詩 道正事 如此則生子 形容端正 才過人矣.)

『태교신기』는 사주당 이씨(師朱堂 李氏, 1739-1821)가 임신한 여성을 위해 만든 태교 지침서이다. 역시 임신 중 여성의 행동과 마음, 몸가짐이 중요하다는 가르침을 전달하고 있다. 1장 '태교의 이치'에서는 스승에게 배운 10년보다 태중 교육 10개월이 중요하며, 부친의 태교 또한 모친의 열 달 못지않게 중요하다고 강조하였다.

… 그러므로 태어나서 받는 스승의 십 년 동안의 가르침은 태어나기 전 뱃속에서 받는 어미의 열 달 동안의 기름만 못하다, 그러나 어미의 열 달 동안의 기름은 아비의 낳음 하루만은 못하다고 한다. (… 故師敎十年 未若母十月之育 母育十月 未若父一日之生.)

일제강점기에도 전통적인 임신, 태교, 출산의 풍속을 전수하려는 노력이 있었다. 예를 들어 1927년 출간된 『조선여속고(朝鮮女俗考)』는 이능화(李能和, 1869-1943)가 저술한 것으로 조선 여성과 관련된 전문 문헌이 없어 풍속 및 의미가 제대로 소개되지 않기 때문에 저술하였다고 한다. 『조선여속고』는 고대사회에서부터 조선시대 말까지 우리나라 여자들의 혼인과 교육 등 다양한 풍습과 관습을 다루었다. 이 중에 「산육잡속(産育雜俗)」에는 임신, 출산과 관련된 태몽(胎夢), 태점(胎占), 태신제(胎神祭), 미역국, 금줄 및 육아 등의 풍습이 소개되었다.

　　현대에도 여전히 '태교'를 중시하지만 그 형식과 가치관에서 많은 부분이 바뀌었다. 먼저 태교에서 아이를 임신한 여성의 역할뿐만 아니라 아이 아버지의 참여와 역할을 중요하게 생각하게 된 것이다. 예를 들어 부부가 함께 태아에게 동화책을 읽어주는 것이 권장되는 것을 들 수 있다. 특히 남편의 목소리로 아이에게 동화책을 읽어주거나 태담(胎談)을 하면 아기에게 정서적인 안정감을 줄 뿐 아니라, 두뇌 발달에 도움이 된다고 한다. 즉 부성태교(父性胎敎)가 새로운 방식으로 부각되는 것이다. 다음으로 여성의 정서적 안정과 취향을 중시하게 된 것이다. 대표적으로 음악 태교를 들 수 있다. 태교 음악으로 대개 고전 음악을 많이 듣는데, 그중 모차르트의 곡이 아이의 두뇌 활동을 자극한다고 하여 선호된다. 물론 고전 음악 외에도 임신한 여성이 평소에 좋아하는 음악을 태교 음악으로 듣기도 한다. 손을 많이 사용하면 태아에 좋다고 하여 출산 준비물을 손수 제작하며 태교를 하기도 한다. 배냇저고리, 손싸개, 발싸개, 딸랑이 등 출산 직후에 아기에게

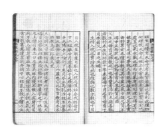

『태교신기(胎敎新記)』(1938)

『조선여속고(朝鮮女俗考)』(1927)

하루 5분 엄마·아빠 목소리(2017-2018, 유민지, 황경선
소장)

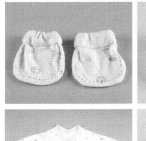

손바느질 태교(2009, 조성실 기
증)

필요한 물건들을 엄마가 직접 만들고 출산을 준비하는 것에 의미가 있다.

출산과 산후

조선시대에는 출산 예정일이 다가오면 임신부가 기거하던 방이나 안방에 산실(産室)을 꾸몄다. 산실에는 수건, 가위, 배냇저고리 등 각종 출산용품을 마련해 두었고, 산실 윗목에는 삼신상이 차려졌다. 삼신(三神)은 아이를 점지해 주고 출산 후에는 아이와 산모의 건강을 돌봐주는 신으로, 산신(産神)이라고도 한다. 사람들은 출산 전 자식을 기원하며 '삼신 단지'를 안방의 시렁 위에 올려놓았는데, 삼신(三神)의 신체(神體)라고 할 수 있다. 단지 안에는 쌀을 넣어 놓고 한지로 덮었다. 출산 전후에는 삼신상을 차려 출산을 도와준 삼신에게 감사를 표했다. 출산 전에 삼신상에 한지를 깔고 쌀·미역·정화수 등을 올려 순산을 기원하고, 산모가 출산한 후에는 상 위의 쌀과 미역으로 국밥을 지어 산모에게 먹였는데 이를 '첫국밥'이라 한다.

아이가 세상 밖으로 나오면 탯줄을 자르는데, 이를 '삼 가르기'라고 한다. 태를 자를 때 사용하는 도구는 성별에 따라 달라지기도 하는데 남자아이가 태어나면 출세하라는 의미에서 낫을 사용하고, 여자아이가 태어나면 재주가 좋아진다고 하여 가위를 사용하기도 하였다. 전통 풍습에서 산모와 뱃속의 아이를 연결해 주었던 탯줄은 함부로 다루지 않았다. 태에는 아이의 생명력이 깃들어 있다고 믿었기 때문이다. 때문에 탯줄을 처리할 때는

'태처리' 혹은 '태제'(胎祭)라는 의식을 거쳤다. 민간에서는 자른 태(胎)를 왕겨나 짚, 종이에 싸서 태항아리에 넣고 깨끗한 곳에 묻거나 불에 태웠고, 그대로 물에 띄워 보내기도 했다. 모두 태가 부정을 타지 않고 아이가 잘 자라기를 기원하는 행위였다. 신분이 높은 왕실이나 상류층 아기의 탯줄은 태항아리(胎缸)에 넣어 좋은 날을 택하여 명당에 묻기도 하였다. 이러한 곳을 태가 묻힌 태실(胎室)이라고 한다. 특히 왕실의 경우는 태 기운이 국운과 관련된다고 여겨 돌로 태실을 만들어 산에 묻고 이를 특별히 관리하였다.

출산 후에는 대문에 금줄을 쳐 아이의 출생을 알리고 부정한 출입을 막았다. 유아 사망률이 높았으므로 아이가 태어난 지 100일 후에 백일잔치를 열어 비로소 축하하고, 1년 후에는 돌잔치를 열어 아이의 장래를 점쳤다.

이러한 풍속과 주술적인 행위는 의학서적에도 반영되었다. 허준(許浚, 1539-1615)이 편찬한 『동의보감(東醫寶鑑)』「잡병편(雜病篇)」에는 아이를 얻기 위한 각종 방법, 아들을 낳을 수 있는 법, 해산을 잘하는 방법, 난산의 경우, 해산하기 좋은 날짜와 위치 등이 기록되어 있다. 특히 의료적 처방과 함께 주술적인 방법을 서술한 것이 특징이다.

안산방위도(安産方位圖)와 최생부(催生符), 차지법(借地法)은 모두 주사(朱砂)를 물에 푼 것으로 쓴다. 먼저 산모의 방 안 북벽(北壁)에 안산방위도를 붙인다. 그리고 최생부를 붙이고 나서 차지법을 붙인다. 그 다음 차지법 주문(呪文)을 세 번 외운다.

삼신상(三神(產神)床, 2006, 재현품)

삼신단지(三神(產神)壺, 2006, 재현품)

태항아리(白磁胎缸, 조선 후기)

『동의보감』(조선 후기)

'한국인의 일생' 전시에서는 아이를 낳은 산모를 위로하고 걱정하는 편지도 확인할 수 있다. 시아버지 이중하(李重夏)는 아들을 낳지 못한 며느리 동래 정씨(東萊鄭氏)에게 편지를 써서 "여자아이를 낳았다고 걱정하지 말고 집안의 사정이 어렵지만, 유모는 꼭 구하라"는 당부의 말을 전하고 있다.

며누리게

산후 국밥이나 잘 먹고 아희도 쟝슈게 겻냐 섭″지 마라 엇지 번″이 남만냐

십월 념일 父

(며느리에게: 순산(順産) 후에 국밥은 잘 먹고 (있으며), 아이도 장수(長壽)하게 생겼느냐? 섭섭해하지 마라. 어찌 번번이 아들[生男]만 낳겠느냐?)

또한 한 어머니는 자녀에게 편지를 보내며 자녀가 아들을 순산한 것을 축하하였다.

아긔게

간 후 오라니 네 몸이나 무하냐 …산고 아 나으니 그런 경 업다마 너의 아바님 계시면 오 죠하며

아기에게

(네가) 간 후에 오래이니 네 몸은 무사하냐? … 순산하고 아들을 나았으니

그런 경사가 없다만 너의 아버님이 계셨으면 오죽이나 좋아하셨으랴.

아이가 태어나서 가장 먼저 입는 옷은 '배냇저고리', '배내옷'이라고 하며, 제주도에서는 '봇디창옷'이라고 한다. 장수(長壽)를 비는 뜻에서 가늘게 꼰 무명실로 길게 고름을 달았다. 또한, 배내옷은 '운수 좋은 옷'으로 인식되어 큰일이 있을 때 아이의 품에 넣어주면 일이 잘 풀린다고 여겼다. 배냇저고리는 옷을 입을 사람이 없어도 남에게는 빌려주거나 넘겨주지 않는데, 그 이유는 배냇저고리가 액막이 같은 나쁜 일에 쓰이거나, 자신의 복과 운이 옮겨 갈지도 모른다고 생각했기 때문이다.

아이가 태어나면 부모나 조부모는 아이의 입신출세(立身出世), 부귀영화,

며느리를 위로하는 시아버지 편지(1914, 이석희 기증)

어머니의 순산 축하 편지(조선 후기)

무병장수, 행복 등을 염원하여 이름을 지었다. 전통사회에서는 각 가문의 항렬자를 따라서 이름을 지었으며, 아이의 이름을 짓는 데 있어서 음양오행(陰陽五行), 사주(四柱) 등이 반영되기도 한다. 최근에도 이 흐름은 이어지지만, 요즘에는 순우리말로 짓거나, 종교의 인명 또는 영어로 발음하기 좋게 짓기도 한다.

오늘날에는 이와 같은 출산과 산후(産後)와 관련된 전통적인 금기와 의례가 점차 사라졌다. 우선 병원 출산이 늘어나고 주거문화가 변화되면서 출산과 산후에 대한 공간적 기반이 거의 사라졌다. 아파트에는 금줄을 칠 곳이 없으며, 안방에는 더 이상 삼신이 존재하지 않는다. 게다가 1990년대 이후부터 산후조리원 등이 서서히 붐을 일으키면서 집 단위로 행해지던 전통적인 풍습과 의례들은 점차 사라지고 있다. 또한 더 이상 남녀의 성별을 구분하지 않게 되면서 성별에 따른 의례의 구분이 의미를 잃었다. 하지만 형식이 변했을 뿐 새로운 생명의 탄생을 축하하고 아이가 건강하게 자라길 바라는 행위는 오늘날에도 이어지고 있다.

봇디창옷(배냇저고리)(1932)

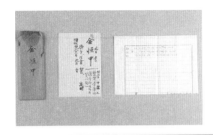

작명서(20세기 중반이후)

작명서(作名書, 1968, 김복순 기증)

출산 축하금 봉투(2010, 조성실 기증)
손녀딸의 출산을 축하하는 축하금 봉투이다. 봉투에는 '신사임당', '세종대왕' 같은 위인이 되기를 바라는 할머니의 바람이 적혀 있다.

 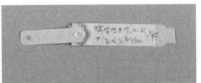

산모 팔찌와 신생아 발찌(2009, 김창일, 박성연 기증)
산부인과에서 발급하는 산모 확인 팔찌와 아기의 발찌. 산모의 이름과 출산일자 등을 적어 산모와 아기의 신원을 확인하는 데 사용한다.

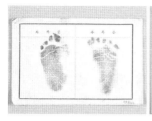

출생증명서(出生證明書, 1979, 조성실 기증) 병원에서 발급해준 출생증명서이다. 부모와 의사의 이름, 아이의 발 도장이 찍혀 있다.

젖먹이기[授乳]와 육아

산모가 출산 후 아이에게 젖을 먹이는 것을 수유(授乳)라고 한다. 옛 사람들은 출산 후 삼신에게 산모와 아이의 건강을 빌고 산모에게 젖이 많아지기를 기원했다. 모유의 양은 아이의 건강뿐만 아니라 향후 아이의 발달에도 영향을 미치기 때문에 모유가 부족한 산모는 다양한 방법으로 모유가 풍부해지기를 기원하였다. 그 때문에 수유에서도 다양한 금기가 존재했다. 예를 들어 젖[母乳]이 충분하여 남는다 해도 함부로 버려서는 안 되며, 깨끗하다고 생각되는 장독대, 우물가나 냇물 등에 반드시 버려야 모유가 마르지 않는다고 여겼다. 또한 산모가 먹는 음식에도 많은 제약이 따랐는데 산모의 건강과 모유의 질을 위해서였다. 보통 산모는 출산 후 7일 동안 몸조리를 했는데 온전히 회복하려면 100일이 지나야 하므로 그 기간에 딱딱하거나 질긴 음식을 먹지 않게 했다.

근대 이후에는 수유뿐만 아니라 산모의 영양에도 많은 관심을 기울였다. 임신 기간 동안 산모는 산부인과에서 정기적으로 검진을 받으며 태아의 건강은 물론 산모의 건강을 돌본다. 또한 출산과 육아가 국가의 직접적인 관리 하에 포함되고 아이의 연령별 발달이 표준화되며 예방접종을 의무적으로 실시하게 되면서 아기수첩, 산모수첩 등을 통해 태아와 신생아, 산모 등의 영양과 건강을 기록하게 하였다.

또 다른 변화는 여성의 사회참여가 늘어나면서 수유, 육아를 보조할 수 있는 다양한 수단과 도구가 늘어난 것이다. 예를 들어 수유 보조도구로서 모유를 미리 짜내어 저장하는 유축기와 같은 도구나 분유가 등장했다. 산모가 외출하거나 잠잘 때 또는 다른 사람의 도움을 빌려 아이에게 모유 수유를 하고 싶을 때, 유축기로 짜낸 모유를 젖병에 담아두었다가 아이에게 먹이게 되었고, 모유의 양이 적거나 영양이 부족할 때 이를 보충할 수 있는 분유가 보급되었다.

제주도에서는 일하는 엄마가 아이를 눕혀 재울 수 있는 요람인 애기구덕이라는 도구를 오랫동안 사용해 왔다. 이것은 제주도의 생활환경에 맞도록 갓난아이를 둔 여성들이 아이를 데리고 밭에 나갈 수 있게 만든 실용적인 침대로서, 이동할 때는 아이를 눕힌 채 짊어지고 다니기도 하였다. 이러한 육아 도구는 현재 일하는 부모들을 위해 개발되는 다양한 육아 보조용품을 떠올리게 한다. 수유와 육아 행위는 끊임없이 이어져 왔지만 사회의 변화에 따라 육아의 풍경이 달라졌다는 것을 보여준다.

수유(授乳, 1930년대)

임신부의 영양(1958)
이 책에서는 출산 이후 산모의 건강과 출산 이후 섭취해야 할 영양소, 음식 등에 대하여 자세히 소개하고 있다.

아기수첩(1968)과 산모수첩(2009, 김창일 · 박성연 기증)
임신과 출산 기간의 과정을 적은 수첩으로, 산모의 건강기록, 아이의 발육 상태, 예방접종 실시 등 필요한 정보를 기록하고 있다.

자녀생장기(子女生長期, 20세기 중반 이후, 진동균 기증)
아버지가 자녀의 성장에 맞춰서 기록한 일기장이다. 요즘에는 자녀가 결혼할 때 선물로 주기도 한다.

아기들에게 무엇을 먹여야 하나(20세기 중반 이후)
수유와 함께 이유식을 하게 되는 아이의 월령에 맞게 먹여야 할 음식과 조리방법
등을 소개하고 있다.

분유(粉乳, 1979년 이후, 진병돈 기증)

유축기(1960-1970년대)

애기구덕(20세기 중반 이후)

백일(百日)

    영아 사망률이 높았던 전통사회에서는 아이가 무사히 자란 것을 대견하게 여기며 축하하는 잔치를 벌였고 이를 백일(百日)이라고 한다. 백일날 아침에는 삼신상을 차리는 것을 시작으로 산모나 아이의 할머니가 삼신상 앞에 단정히 앉아 아이의 건강과 수명(壽命), 복(福)을 빌었다. 백일을 기뻐하는 옛 사람들의 모습은 우리에게도 익숙한 위인 '정약용'의 시를 통해 엿볼 수 있다. 정약용은 「문아생백일지희(文兒生百日識喜)」를 통해 둘째 아들 학유의 백일을 맞이하는 기쁨과 기대를 표현하였다.

> 문아가 태어난 지 백일이 되는 날 기쁨을 적다(文兒生百日識喜)
>
> 정약용(丁若鏞, 1762-1836)

兒生百日仔細看	아기 태어난 지 백일에 자세히 살펴보니
疏眉秀目淸且端	드문 눈썹 수려한 눈 맑고도 단정하네.
大兒學字汝助歡	큰애는 글자 배우고 너는 재롱 피우니
室人尊重如高官	아내는 고관처럼 드높이 떠받드네.
歲在敦遇炳文	태어난 해가 병오년이니
皇猷須二難	임금을 보필하는 문무 신하로서 두 형제가 기대되네.

> 『다산시문집(茶山詩文集)』

백일사진(百日寫眞, 20세기 중반
이후, 김수남 촬영, 김상훈 기증)

백일옷

백일떡(재현품, 2021)

　한편 백일을 축하하면서 백일 옷과 백일 떡을 지어 아이의 무병장수와
복을 바라기도 했다. 백일 옷이란 아이가 태어나 백일이 되는 날 입는 옷
으로, 옷감 백 조각을 이어 만든 저고리였다. 특히 장수한 어른이 입던 옷
을 잘라 아이의 백일 옷을 지으면 아이가 무병장수한다는 믿음이 있어 자
손이 귀한 집에서는 집안 어른들의 헌 옷 조각을 모아 저고리를 짓기도 하

였다. 백일 떡은 지금도 이어져오는 전통으로 백일상에 반드시 올라가는 음식이었다. 백일상에는 백설기, 수수팥떡 등 여러 가지 떡을 올렸다. 백설기와 수수팥떡을 올린 이유는 백설기의 '백'(白)과 숫자 '백'(百)의 음이 통한다고 하여 장수의 의미를 담고 있으며, 수수팥떡의 붉은색은 부정을 막아주는 주술적인 의미를 담고 있기 때문이었다. 백일떡은 가족뿐만 아니라 이웃과 친지를 비롯하여 모든 사람에게 나누어 주었는데 백 사람과 나누어 먹어야 아이가 장수한다고 믿었기 때문이다. 최근에는 백일을 가족끼리 조촐하게 기념하거나 백일떡을 돌리고 기념사진을 찍는 것으로 넘기지만 그 의미는 여전히 계속되고 있다.

돌[周岁:주세]과 돌잡이[抓周:조주]

돌은 아이가 태어난 지 1년이 되는 첫 생일로, 아이가 무사히 첫 생일을 맞이한 것을 기념하고 장차 건강하게 잘 자라기를 바라는 뜻에서 잔치를 베풀었다. 이러한 마음은 첫 돌을 축하하는 돌상, 돌잔치, 돌잡이, 돌을 맞은 아이에게 입히는 돌복 등을 통해 엿볼 수 있다.

조선 후기의 실학자이며 『성호사설』의 저자 이익(李瀷, 1681-1763)도 손자의 돌 앞에서는 자상한 할아버지의 면모를 보여준다. 이익은 손자의 돌잔치에 축하시를 지어 다음처럼 기쁨을 표시하였다.

어린 손자 여달의 돌잔치에 지어 보내다 寄題小孫如達盤

桑弧蓬矢俄周歲	태어난 지 엊그제 같은데 벌써 돌이 되었으니
穎龍煤且試盤	돌상에 있는 붓[兔穎]이랑 먹[龍煤]을 잡거라.
種玉爲根嘉樹長	옥(玉) 나무 뿌리 내렸으니 재목으로 자라나서
任敎枝葉滿庭繁	뜰 가득히 옥 가지와 잎이 무성하길 바란다.

『성호전집(星湖全集)』

　자손의 돌을 축하하고 기뻐하는 집안 어른들의 마음은 '천인천자문'이라는 유물을 통해서도 볼 수 있다. '천인천자문'이란 집안에 아이가 태어나면 할아버지나 아버지가 천 명의 사람에게 일일이 찾아다니며 한 글자씩 받아서 만든 천자문이다. 천인의 지혜가 아이에게 전해져 장차 학문 성취, 건강을 염원하는 뜻을 지니며, 돌을 맞이하는 아이의 돌상에 놓았다. 또한 남아의 돌잔치에는 '책가도' 병풍을 놓아 장식하기도 했다. 책가도란 선비의 방처럼 책, 문방구(文房具), 고동기(古銅器) 등 선비들이 곁에 두고 즐기던 기물을 조합하여 그린 그림이다. 장차 남아가 학문에 정진하기를 바라는 마음이 담겨 있다. 무엇보다 어른들이 바랐던 것은 아이의 무병장수였는데 '명다리' 삼신제석이나 칠성신에게 명주 또는 무명 헝겊에 이름과 생년월일을 적어서 실타래와 함께 바치는 공물이다. 명다리는 부모들이 태어난 아이의 나이가 홀수인 1살, 3살, 5살 등에 단골무당에게 바치는데, 주로 명이 짧은 운명을 타고났다는 아이의 수명장수를 기원하였다.

아이의 첫 생일상인 돌상 위에는 아이의 장수를 기원하는 백설기와 실타래 이외에도 여러 가지 물건을 놓아 아이가 집는 물건으로 아이의 장래를 점쳐보는 '돌잡이'를 하였다. 돌잡이에 사용하는 물건들은 아이가 잘 살기를 바라면서 부자를 의미하는 쌀과 돈을, 공부를 잘하기 바라며 책과 붓을, 또한 무병장수를 바라며 실과 국수를, 바느질과 길쌈에 능한 현모양처가 되길 바라며 바늘, 자 등을 가까운 데 놓아둔다. 보통 남자아이 돌잡이상에는 주로 학문이나 무예와 관련된 물품을 올려놓고, 여자아이의 상에는 바느질과 길쌈에 관련된 물건들을 올려놓았다. 남자아이가 돈이나 곡식을 잡으면 부자, 책·붓을 잡으면 문관, 활·화살을 잡으면 장군이 되고, 여자아이가 실패나 가위 등을 잡으면 재주가 뛰어나고 바느질과 길쌈에 능한 현모양처가 될 것이라고 여겼다.

오늘날에도 돌상에 여러 가지 물건을 놓고 돌잡이를 하는 풍속이 남아있으나 오늘날의 돌잡이는 아이가 성장하면서 갖게 될 직업이나, 특성들을 잘 표현해 주기를 바라는 부모들의 소망을 담아 표현된 마이크나, 청진기, 판사봉(判事棒) 등 여러 가지 물건을 추가하기도 한다.

천인천자문(千人千字文, 1934)

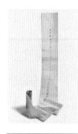
명다리[명건(命巾), 1966]

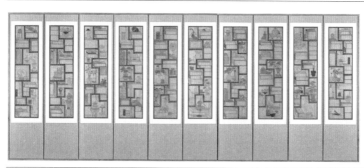
책가도 10폭 병풍(冊架圖十幅屛風, 20세기)

두루마리와 붓(19세
기 말-20세기 전반)

상평통보(常平通寶, 1807,
1830년대, 정성채 기증)

활[각궁(角弓), 조선 후기]

실타래(1932, 손경자 기증)

가위(조선 후기)

실패(1900년대 초)

돌복

아이의 첫 생일을 축하하고 오래 살기를 염원하는 뜻을 담아 입히는 옷이다. 돌복에는 주로 수복(壽福)을 의미하는 길상문양(吉祥紋樣)과 기하문양(幾何紋樣)인 아자문(亞字紋), 만자문(卍字紋) 등이 많이 쓰였다. 길상문양과 기하문양은 장수와 길상의 상징으로서 장수와 부귀길상을 누리기를 바라는 기복사상이 돌복에 담겨 있다.

돌복은 대개 색깔 있는 옷으로, 남자아이와 여자아이가 구별되게 하였으며 머리쓰개부터 띠, 주머니, 신발까지 전부 갖추어 입혔다. '오방장' 두루마기는 남자아이가 입는 오색 두루마기로, 어린이용 두루마기를 까치두루마기라고도 한다. 음양오행설에 따라 액을 막고 장수를 염원하는 뜻에서 색동으로 만들었다. '태사혜'는 남자아이들이 신는 신으로, 신코와 뒤축 부분에 밀랍을 칠한 흰 줄무늬[太史紋]가 장식되어 있다. '호건'은 남자아이들이 쓰는 모자로, 돌날, 생일이나 설날과 같은 명절 등에 썼다. 남자아이에게 호건을 씌우는 것은 호랑이의 용맹함과 지혜로움을 본받기를 바라는

돌복입은 아이: 돌복을 차려 입고 첫돌을 맞이한 아이를 그린 판화

두루주머니

굴레

돌띠

운혜

태사혜

오방장 두루마기

호건

마음이 담겨 있다. 호건의 가장자리와 끈에는 덕담(德談)과 수명장수(壽命長壽)를 기원하는 길상어문(吉祥語文)을 금박하였다.

여아의 경우 색동저고리와 치마를 돌복으로 입혔다. 색동저고리는 색동천으로 소매를 만든 겹저고리이다. 소매나 섶에 오색천을 이어 색동으로 장식하는 것은 어린아이를 화려하고 귀하게 보이게 할 뿐만 아니라 벽사(辟邪)의 의미가 담겨 있으며, 아이의 무병장수와 행복을 기원하는 마음을 담고 있다. 신발은 '운혜'라는 가죽신을 신겼는데 앞코와 뒤축에 구름무늬[雲紋]가 있어 운혜(雲鞋)라고 불렀다.

아울러 남녀 아이의 옷에는 돌띠를 둘러 겉옷을 장식하였다. 돌띠에는 십장생(十長生)이나 수복다남(壽福多男), 수복강녕(壽福康寧), 인의예지(仁義禮智) 등과 같은 글자를 수놓거나 수수와 쌀, 좁쌀, 콩 등을 넣은 주머니를 매달았다. 이는 아이가 건강하고, 평생 재물과 먹을거리 걱정 없이 평탄하게 살아가기를 바라는 마음을 담고 있다. 옷에는 '두루주머니'라고 하는 작은 주머니를 달았는데 화조문(花鳥紋)과 '富貴多男'(부귀다남) 글자가 수놓아져 있으며, 끈에는 괴불이 달려 있다. 아이들의 돌복에 달아주었는데, 액(厄)을 물리칠 수 있고 복이 온다고 믿었다. 남녀 아동 모두 타래버선을 신겼고 남자아이는 남색 천, 여자아이는 홍색 천을 버선목으로 둘렀다. 겨울에 돌을 맞은 아이들에게는 보온을 위해 '굴레'라는 쓰개를 씌웠고 '돌모'라고도 했다. '돌모'는 아이가 건강하게 자라길 바라는 마음에서 오색 비단과 다양한 장식으로 꾸몄다. 여기에도 화조문(花鳥紋)과 십장생문(十長生紋)이 수놓아져 있는데, 아이의 부귀와 무병장수를 기원하는 길상의 의미를 담고 있다.

변하고, 변하지 않는 가치

지금까지 국립민속박물관 상설전시관3 개편 〈한국인의 일생〉 중 1부, 출생에 전시된 유물과 전시자료 중심으로 출생과 성장에 대해서 살펴보았다. 출생의 전시품을 통해 변화상을 확인할 수 있을 뿐만 아니라 그 속에 담고 있는 의미와 시대별 가치체계도 살펴볼 수 있었을 것이다. 사람이 태어나 죽을 때까지 겪게 되는 한평생은 끊임없이 변화하고 이어지며 계속된다. 시대에 따라 풍속과 의미는 변화했지만, 오래 살고 복을 바라는 마음은 시대를 관통하는 가치이다. 새롭게 선보이는 상설전시관3 〈한국인의 일생〉에서 유물과 아카이브 영상자료를 눈여겨보며 다시 의미를 찾는 시간이길 바란다. 더불어 삶의 과정에서 힘겨운 시간을 위로하는 전시이길 바란다.*

---

* 민속소식지 제129호, 국립민속박물관, 2006. 5.
민속소식지 제131호, 국립민속박물관, 2006. 7.
민속소식지 제270호, 국립민속박물관, 2021. 12.
문화유산 표준유물관리시스템, https://www.museum.go.kr
국립민속박물관 누리집, https://www.nfm.go.kr

경희대학교 인문학연구원 / HK+통합의료인문학연구단 / 통합의료인문학 교양총서05

호모 파베르의 출산 이야기

등록 1994.7.1 제1-1071
1쇄 발행 2023년 2월 1일

기   획 경희대학교 인문학연구원 HK+통합의료인문학연구단
지은이 김양진 김현수 박윤재 이경효 이태준 최지희
펴낸이 박길수
편집장 소경희
편   집 조영준
관   리 위현정
디자인 이주향
펴낸곳 도서출판 모시는사람들
         03147 서울시 종로구 삼일대로 457(경운동 수운회관) 1207호
전   화 02-735-7173, 02-737-7173 / 팩스 02-730-7173

인   쇄 (주)성광인쇄(031-942-4814)
배   본 문화유통북스(031-937-6100)
홈페이지 http://www.mosinsaram.com/

값은 뒤표지에 있습니다.
ISBN 979-11-6629-153-1   04000
세트   979-11-88765-83-6   04000

이 저서는 2019년 대한민국 교육부와 한국연구재단의 지원을 받아 수행된 연구임
NRF-2019S1A6A3A04058286